HET HART VAN DUBLIN

Van Maeve Binchy verschenen ook:

De avondschool
Dit jaar zal het anders zijn
Echo's
Echo's/Onder de oude beuk
En vergeet niet te leven
Het hart op de tong
Onder de oude beuk
Quentins
Regen en sterren
De spiegel van het meer
Terug naar Mountfern
De terugreis
Vluchtige ontmoetingen
Vrienden voor het leven
Een zaterdag in september
Zilveren bruiloft
Wit bloeit de meidoorn

Het hart van Dublin

VAN HOLKEMA & WARENDORF
Unieboek BV, Houten/Antwerpen

ROMAN *je blijft lezen*

Oorspronkelijke titel: *Dublin 4*
Oorspronkelijke uitgave: Ward Press Ltd.
Copyright © 1982 by Maeve Binchy
Dit werk is eerder uitgebracht onder de titel 'Verhalen uit Dublin'.

Copyright © 2007 Nederlandstalige uitgave:
Uitgeverij Unieboek BV,
Postbus 97, 3990 DB Houten

www.unieboek.nl
www.maevebinchy.nl

Vertaling: WVK-Groep, Bladel
Omslagontwerp: Wil Immink
Omslagillustratie: Trevillion Images
Opmaak: ZetSpiegel, Best

ISBN 978 90 475 0286 9/ NUR 340

Deze roman is fictie. Namen, personages en gebeurtenissen zijn ofwel het product van de verbeelding van de auteur ofwel fictief gebruikt. Enige gelijkenis met werkelijke gebeurtenissen of bestaande personen berust geheel op toeval.

Alle rechten voorbehouden. Niets uit deze uitgave mag worden verveelvoudigd, opgeslagen in een geautomatiseerd gegevensbestand, of openbaar gemaakt, in enige vorm of op enige wijze, hetzij elektronisch, mechanisch, door fotokopieën, opnamen, of op enig andere manier, zonder voorafgaande schriftelijke toestemming van de uitgever..

Voor Gordon,
met veel liefs

Inhoud

Diner in Donnybrook
9

Flat in Ringsend
81

Besluit in Belfield
119

Geruchten in Montrose
147

Diner in Donnybrook

Ze maakte zes keer een tafelschikking en kwam telkens op hetzelfde uit. Als je de gastheer aan het ene en de gastvrouw aan het andere uiteinde zette, kwam het niet goed uit. Ze zou met haar rug naar het raam zitten met aan weerszijden een man. Tot zover prima. Dermot zou tegenover haar zitten met een vrouw aan elke kant. Ook goed, maar wat moest ze doen met de twee plaatsen ertussen? Hoe je het ook indeelde, er kwam een man naast een man en een vrouw naast een vrouw te zitten.

Ze schudde peinzend haar hoofd. Het leek op de problemen waarmee ze zich op school altijd hadden beziggehouden... op een eiland zitten drie missionarissen en drie kannibalen en de boot kan maar twee personen meenemen... Niet dat het belangrijk was natuurlijk en iedereen die wist hoeveel tijd ze eraan had besteed, zou zeggen dat ze een week in het St.-Patrick moest doorbrengen, maar toch was het heel irritant. Er moest een goede manier zijn.

'Die is er,' zei haar dochter Anna. Ze had Anna gebeld om over iets anders te praten, maar het gesprek was op de ingewikkelde tafelschikking gekomen. 'Bij een diner voor acht personen kunnen gastheer en gastvrouw niet tegenover elkaar zitten. Jij zit tegenover de belangrijkste dame... en zet papa aan de linkerkant van die dame.' Anna was over een ander onderwerp begonnen zonder te beseffen dat haar moeder weer met de tafelschikking bezig was, waarbij ze Dermot tegenover het dressoir liet zitten en de belangrijkste dame aan het andere uiteinde van de tafel tegenover haarzelf.

'Alles goed met je, moeder?' vroeg Anna. Anna noemde haar gewoonlijk "mama" maar nu zei ze "moeder". Ze zei dat op een wat

11

grappige toon alsof ze "mevrouw" had gezegd en het woordje moeder even ongepast was.

'Het gaat goed met me, lieverd,' zei Carmel. Het ergerde haar wanneer mensen haar vroegen of het goed met haar ging. Ze vroeg nooit iemand of het goed ging, ook al maakte die een vreemde of angstige indruk. Ze dachten allemaal dat ze haar neerbuigend konden behandelen en haar over haar hoofd konden strelen. Zelfs haar eigen dochter.

'Prima, maar je klonk wat afwezig, alsof je gedachten waren afgedwaald. In elk geval zijn wij in het weekend naar het huisje, zoals ik je heb gezegd. Je zult achteraf dus moeten vertellen hoe het grote diner is verlopen. Ik ben blij dat jij en papa mensen op bezoek krijgen. Het is goed om te zien dat jullie eens iets ondernemen.'

Carmel vroeg zich weer af waarom Dermot nog steeds 'papa' en niet 'vader' kon zijn, en waarom het voor haar goed was om wat te ondernemen. Waarom moesten mensen iets ondernemen? Je moest ze laten sudderen of afkoelen of er zelfs een korst op laten groeien als ze dat wilden. Ze zei er niets over tegen haar oudste dochter.

'O nee, lieverd, het diner is niet dit weekend. Het is over een maand... Ik dacht gewoon vooruit.'

Anna barstte in lachen uit. 'Mam, je zit vol verrassingen. Pas over een maand! Zelfs James zou niet zo lang van tevoren plannen maken. Hoe dan ook, we hebben nog tijd genoeg om erover te praten.' Ze zei het op een toon alsof het ging over het vlechten van mandjes tijdens een bezigheidstherapie. Carmel liet haar ergernis niet blijken en hoopte dat ze een prettig weekend zouden hebben. De weersverwachting was goed, vooral in het zuidwesten.

Ze vond Anna en James krankjorum om op vrijdagmiddag driehonderdveertien kilometer te rijden en op zondag datzelfde eind terug. Ze zag er de zin niet van in om in Sandycove een huisje met tuin te hebben en daar nooit een weekend door te brengen. Het huisje in Kerry was een blok aan hun been geweest, voorzover Carmel kon beoordelen. Ze geloofde nooit dat ze van de vijf uur durende rit genoten. 'Vier uur en vijfendertig minuten, grootmama, als je de sluipwegen kent...' James gaf haar met zijn grootmama altijd een dwaas gevoel; ze voelde zich net een groothertogin. Maar toch klaagde Anna nooit. Ze praatte er heel enthousiast over: 'O mam, het is zo geweldig. We zijn er ongeveer half tien en maken de open haard aan, pakken het vlees, openen een fles wijn, de kleintjes zijn dan al half in slaap, we stoppen ze in bed... het is er zo vrij... het platteland. Ons eigen plekje... onvoorstelbaar.'

Anna had de weersverwachting ook gehoord. 'Ja, ik ben blij omdat we op zondag uitgebreid lunchen en het zal nog leuker zijn als we alle maaltijden buiten kunnen gebruiken.'

Een uitgebreide lunch, in dat huisje, in de ongerepte natuur van Kerry, kilometers van haar keuken, haar diepvries en haar vaatwasser. Geen wonder dat Anna vond dat ze zich op zo'n aandoenlijke manier zorgen maakte over de tafelschikking bij een diner dat pas over een maand gegeven zou worden. Maar natuurlijk had Anna niet hetzelfde soort zorgen. Anna zou nooit toestaan dat ze in een situatie verzeild raakte waarin ze dat soort zorgen zou hebben.

Carmel tekende weer een schema voor de tafelschikking. Ze schreef bedachtzaam de namen van de gasten erin. Aan het ene uiteinde van de tafel met haar rug naar het raam schreef ze Carmel en aan het andere uiteinde noteerde ze Ruth O'Donnell, de belangrijkste dame. Ze vulde de andere namen in en schreef er telkens iets bij. Dermot, liefhebbende echtgenoot. Sheila, wijze vriendin. Ethel, vriendin uit de hogere kringen. Martin, vriendelijke echtgenoot van wijze vriendin. David, hoogdravende echtgenoot van vriendin uit de hogere kringen. En daarna schreef ze aan de rechterkant van Ruth O'Donnell langzaam en bedachtzaam Joe, redder in nood. Ze ging zitten en keek lange tijd naar het schema. Het was niet langer een tekening van een rechthoek met vierkantjes eromheen met daarin namen en beschrijvingen. Het werd een tafel met glazen en bloemen en fraai porselein en glanzend bestek. Ze kon het eten bijna ruiken en de gesprekken horen. Ze leerde de volgorde waarin ze zaten van buiten, net zoals ze in haar jeugd het rijtje van de Grote Meren of de steden van Cavan had geleerd, uit het hoofd met haar ogen stevig dichtgeknepen, zonder het verband met andere dingen te zien, zoals ze waren opgeschreven.

Daarna pakte ze alle stukjes papier en gooide die op het haardrooster. Er waren nog een paar oude sintels en enkele kooltjes gloeiden na van het vuur van gisteravond, maar ze vertrouwde er niet op dat de papiertjes vlam zouden vatten. Ze haalde een half aanmaakblokje tevoorschijn en stak dat aan met een lucifer. En daar in de kamer waar ze over een maand het diner zou geven, ging ze zitten kijken hoe de vlammen de lijsten en de tafelschikkingen verteerden. Ze brandden weg tot er alleen nog poedervormige as bleef liggen op de sintels van gisteren.

'Ik denk dat Carmel Murray malende wordt,' zei Ethel aan het ontbijt.

David bromde wat. Hij las zijn eigen brieven en wilde niet worden afgeleid door het geklets van Ethel.

'Nee, serieus, luister hier eens naar...' Ethel ging terug naar het begin van de brief.

'Even wachten, Ethel...'

'Nee, je kijkt alleen even op en leest weer verder. Ik wil dat je luistert.'

Hij keek haar aan en wist dat hij net zo goed kon toegeven. Ethel kreeg altijd haar zin en het maakte het leven gemakkelijker om dat te accepteren.

'Carmel wordt malende? Ga vanaf dat punt verder.'

'Ja, dat kan niet anders. Ze heeft ons geschreven. Een uitnodiging voor een diner...Volgende maand pas... Stel je voor!'

'Nou, dat is aardig van haar,' zei David vaag. 'Ik neem aan dat we eronderuit kunnen. Wat is er dan aan de hand? Wat is daar zo vreemd aan? Mensen nodigen elkaar uit om te eten. Dat hebben ze altijd al gedaan.'

Hij wist dat hij moeilijkheden kon krijgen als hij zo schoolmeesterachtig deed tegenover Ethel. En hij had gelijk; het was een vergissing geweest.

'Ik weet dat mensen dat altijd al hebben gedaan, lieverd,' zei ze. 'Maar Carmel Murray heeft het nooit eerder gedaan. Arme Carmel, voor wie we aardig moeten zijn omdat Dermot zo'n geschikt persoon is... Daarom is het ongewoon. En heb je ooit zoiets vreemds meegemaakt? Een brief terwijl ze maar vijf minuten bij ons vandaan woont en misschien zelfs van het bestaan van de telefoon heeft gehoord.'

'Inderdaad, het is vreemd. Dat ben ik met je eens. Je moet doen wat je wilt. Zeg dat we weg zijn. Zeg dat het je spijt... misschien een andere keer.'

'Ze weet dat we niet weg zullen zijn. Daarom is het zo vreemd. Het is op de dag van de tentoonstelling van Ruth O'Donnell. Ze weet dat we dan niet de stad uit zijn...'

'Hoe weet je dat het op die dag is?'

'Omdat ze het in de brief schrijft... ze zegt dat ze Ruth ook heeft uitgenodigd. Begrijp je nu waarom ik denk dat ze begint te malen?'

Ethel bloosde triomfantelijk nu ze haar bewering had bewezen. Ze zat rechtop aan de ontbijttafel in haar zijden kimono en wachtte op de verontschuldiging van haar man. Die kwam.

'Ze nodigt Ruth uit... O hemel. Nu begrijp ik wat je bedoelt.'

Sheila had er een hekel aan om op school te worden gestoord. De nonnen raakten er zo geprikkeld en geïrriteerd door wanneer ze iemand aan de telefoon moesten roepen. Als het om communicatie ging, waren ze nog niet in de moderne tijd aangeland. Hun telefoon bevond zich nog steeds in een koude, tochtige cel in de gang bij de hoofdingang, dus voor iedereen ongemakkelijk. Ze schrok toen ze hoorde dat haar man haar wilde spreken...

'Martin, wat is er? Wat is er gebeurd?' zei ze.

'Niets. Niets. Rustig maar.'

'Wat bedoel je met niets? Wat is er dan?'

'Je hoeft niet zo opgewonden te doen, Sheila. Er is niets aan de hand.'

'Je hebt me vanuit de derde klas heel dat eind naar beneden laten komen terwijl er niets aan de hand is? Zuster Delia let bij wijze van gunst zolang op de leerlingen. Wat is er, Martin? Is er iets met de kinderen...?'

'Luister, ik vond dat je het moest weten. We hebben een erg vreemde brief van Carmel gekregen.'
'Een wat... van Carmel?'
'Een brief. Ja, ik weet dat het nogal vreemd is. Ik dacht dat er misschien iets aan de hand kon zijn en dat jij het moest weten...'
'Ja, goed, maar wat schrijft ze? Wat is met haar aan de hand?'
'Niets. Dat is juist het probleem. Ze nodigt ons uit voor een diner.'
'Voor een diner?'
'Ja, een beetje vreemd, vind je niet? Alsof ze zich niet goed voelt of zoiets. Ik vond dat je het moest weten voor het geval ze met jou contact opneemt.'
'Heb je me daarvoor heel dat eind hierheen naar beneden laten komen? Je weet toch dat de derde klas helemaal boven in het gebouw is. Ik dacht dat het huis was afgebrand! Verdorie, wacht maar tot ik thuis kom. Dan vermoord ik je!'
'Het diner is over een maand en ze zegt dat ze Ruth O'Donnell heeft uitgenodigd.'
'O, mijn hemel.'

Henry schreeuwde naar buiten tegen Joe: 'Hé, er is een brief uit Ierland gekomen. Ze moet een datum geprikt hebben, dat arme oude mens.'
Joe kwam naar binnen en maakte de brief open. 'Ja, over een maand. Ze zegt dat alles volgens plan verloopt. Ze heeft het kaartje en het geld gestuurd.'
'Alles is dus goed met haar, hè?' Henry klonk goedkeurend.
'O, ze is echt geweldig en ik ben haar heel veel verschuldigd. In alle opzichten. Ik zal ervoor zorgen dat het werkt...'
'Als jij het niet kunt, dan weet ik niet wie het wel zou kunnen,' zei Henry bewonderend en Joe glimlachte, terwijl hij de koffiepot ging halen.

'Ik heb het idee dat mama wat meer uit haar schulp kruipt, liefverd,' zei Anna tegen James terwijl ze zich door de vroege avondspits worstelden.

'Mooi. Geen wonder dat dit land naar de bliksem gaat. Moet je die verkeersopstoppingen zien, het is nog niet eens vier uur. De helft van al die lui moet de hele middag vrij hebben genomen. Maar over een paar minuten hebben we het gehad. Wat zei je nou over grootmama?'

'Ze wil een diner geven met een feestelijk gedekte tafel en een tafelschikking. Het klinkt allemaal goed.'

'Ik heb altijd gezegd dat ze echt niet zo suffig en duffig is als jij en Bernadette beweren. Er zijn talloze onderwerpen waarover ik met haar kan praten.'

'Nee, dat kun je niet. Jij praat gewoon tegen haar en zij zit geboeid te luisteren omdat je zo interessant bent, maar het is geen echt gesprek.'

James was het er niet mee eens. 'Je vergist je. Ze vertelt me dingen. Nee, ik kan me niet meteen iets voor de geest halen... Dat is gek, als je naar voorbeelden zoekt... Maar ik kan wel goed met haar overweg. Ze heeft gewoon wat vrolijke en vleiende woorden nodig. "Je ziet er goed uit, grootmama" en dan straalt ze... Ze heeft niet graag dat mensen zeggen dat ze zich raar gedraagt.'

Anna dacht daar even over na. 'Ik neem aan dat mensen tegen haar zeggen dat ze vreemd is. Ja, je hebt gelijk. Ik zeg altijd: "Doe niet zo raar, mam," maar dat bedoel ik niet zo. Ze maakt alleen zoveel drukte om niets en als ik zeg dat ze niet zo raar moet doen, denk ik dat het voor haar geruststellend klinkt. Ik zal haar heel goed helpen met dat dineetje van haar... Ik zal haar hier en daar tactvol een handje toesteken.'

James klopte op haar knie. 'Je bent fantastisch, lieverd. En over feestjes gesproken, vertel me eens wat je voor zondag hebt geregeld.'

Anna leunde tevreden achterover en vertelde hem over alle heerlijke dingen die in folie gewikkeld en vacuümverpakt in de enorme kartonnen doos stonden die ze voorzichtig in de kofferbak hadden geladen.

Bernadette zei: 'Dat is geweldig, mama. Geweldig. Ik weet zeker dat het fantastisch wordt.'

'Ik dacht gewoon dat je zou willen weten...' zei Carmel.

'Natuurlijk vind ik het opwindend, mama. Wanneer is het, vanavond?'

'O nee, liefje. Het is een diner... pas over een maand.'

'Een maand! Mama, is alles goed met je?'

'Ja lieverd, helemaal.'

'O. Nou ja... Ik bedoel, is er iets? Wil je dat ik kom helpen bij de voorbereiding of zo?'

'Nee, nee. Alles is al geregeld.'

'Moet ik serveren? Je weet dat je het rustig aan moet doen en je 's avonds niet meer druk mag maken.'

'Nee, nee, lieverd, bedankt, maar ik zal me echt niet druk maken.'

'Nou, dat is geweldig, mama. Vindt papa het ook leuk dat jij mensen wilt ontvangen?'

'Ik ga eigenlijk geen mensen ontvangen... Het is gewoon een diner.'

'Je weet wel wat ik bedoel. Is papa enthousiast?'

'Ik heb het hem nog niet verteld.'

'Mama, weet je zeker dat alles goed met je is? Je bent toch niet overstuur of...'

'Of wat, liefje?'

'Of zoals die keer dat je wel van streek was.'

'O nee, schat. Helemaal niet. Toen had ik slaapproblemen, en daar ben ik gelukkig helemaal van af. Dat weet je toch, Bernadette. Ik slaap tegenwoordig als een blok. Nee, nee, daar heb ik gelukkig helemaal geen last meer van.'

Bernadette klonk bezorgd. 'Nou, goed dan. Zorg goed voor jezelf, mama. Je weet hoe druk jij je kunt maken over onbenullige dingen. Ik wil niet dat je te veel drukte maakt van dit diner...'

'Je begrijpt het niet, kind. Ik verheug me er juist op.'

'Goed dan. We komen gauw bij je op bezoek. Dat is eeuwen geleden.'

'Je bent altijd welkom, lieverd. Maar bel eerst. Ik ben de komende weken vaak weg...'

'O ja? Waar naartoe?'
'Naar van alles, lieverd. Maar het zal heerlijk zijn om jou te zien. Hoe gaat het met Frank?'
'Prima, mam. Zorg goed voor jezelf. Doe je dat?'
'Ja, Bernadette. Bedankt, lieverd.'

Dermot vond dat Carmel die ochtend met haar gedachten mijlenver weg was. Hij had haar twee keer verteld dat hij misschien laat thuis zou komen en dat ze zich geen zorgen moest maken als hij onderweg naar huis even bij de golfclub langsging. Hij moest een paar mensen spreken en dat was de beste plaats daarvoor. Ze had twee keer vriendelijk en afwezig geknikt alsof ze het niet echt had gehoord of begrepen.

'Is alles goed met je? Wat ga je vandaag doen?' had hij geheel tegen zijn gewoonte in gevraagd.

Ze had geglimlacht. 'Grappig dat je dat vraagt. Ik bedacht net dat ik de hele dag niets om handen heb en dat ik wel eens naar het centrum kon wandelen om winkels te gaan kijken. Eigenlijk kan dat niet, hè, de hele dag lanterfanten...'

Dermot had ook geglimlacht. 'Daar heb je recht op. Geniet maar. En zoals ik zei, als ik laat ben, hoef ik niet meer te eten. We zouden zelfs uit eten kunnen gaan. Maak dus geen drukte, doe geen moeite.'

'Dat is goed,' had ze gezegd.

Terwijl hij vastzat in het verkeer op Morehampton Road en luisterde naar die idioot op RTE die hem vertelde wat hij al wist, namelijk dat heel Morehampton Road één grote file was die muurvast zat, had Dermot een knagend gevoel van onbehagen over Carmel, maar toen besloot hij het van zich af te zetten.

'Ik begin neurotisch te worden,' zei hij bij zichzelf. 'Als ze al mijn gangen nagaat en me uitvoerig alle onbenulligheden vertelt die zij de hele dag uitvoert, dan vind ik dat irritant. Nu voel ik me onbehaaglijk omdat ze dat niet doet. Het is onmogelijk om het mij naar de zin te maken.' Hij vond dat iedereen op Radio Eireann te opgewekt was en schakelde over op de BBC waar men wat ingetogener was, wat beter paste bij de gedachten van een man die 's ochtends naar zijn werk reed.

Ruth O'Donnell had haar uitnodiging niet ontvangen omdat ze weg was. Ze was naar een boerderij in Wales vertrokken om eens helemaal uit te rusten. Ze had naar een boerderij in Ierland kunnen gaan, maar ze wilde er zeker van zijn dat ze niemand tegenkwam die ze kende. Ze zou niet volledig tot rust komen als ze mensen tegenkwam. Ze wilde absoluut alleen zijn.

Carmel keek de Gay Byrne show af. Tijdens het programma Living Word trok ze haar jas aan en pakte haar boodschappentas met wieltjes. Het programma van Gay wilde ze nooit missen; ooit had ze hem een kookplaat gegeven, geschikt voor een klein huishouden. Ze had hem zelf nooit gesproken, maar de assistente was heel aardig geweest en ze hadden een vriendelijk meisje gestuurd om het ding op te halen, of misschien was ze van de organisatie die om de kookplaat had gevraagd. Dat was haar nooit helemaal duidelijk geworden. Carmel had zich ook een keer of twee schriftelijk aangemeld voor de wedstrijd in mysterieuze stemmen, maar ze was nooit gebeld om een stem te raden. Ze ging niet graag vóór het programma Living Word het huis uit. Het leek onbeleefd tegenover God om juist op het moment dat het korte, slechts enkele minuten durende religieuze programma begon, het huis uit te lopen.

Ze wist dat ze eigenlijk naar informatieve programma's moest luisteren zoals Day by Day, dat daarna volgde, maar om de een of andere reden kon ze daar haar gedachten niet bij houden en ze begreep nooit helemaal waarom mensen zich over bepaalde kwesties zo opwonden. Ooit had ze tegen Sheila gezegd dat het prettig zou zijn als er iemand naast je zat die jou vertelde wat er zoal in het leven gebeurde, waarop Sheila had gezegd dat ze haar mond moest houden omdat anders iedereen zou zeggen dat ze na al die jaren bij de nonnen van Loreto niets hadden geleerd... Ze dacht dat Sheila die dag overstuur was geweest, maar zeker wist ze het niet.

Buiten was het helder en zonnig, een mooie herfstdag. Carmel duwde haar boodschappentas van geruite stof voor zich uit en bedacht dat het eens een kinderwagen was geweest die ze voor zich uit duwde. In die tijd had ze veel meer mensen gekend. Ze was immers altijd blijven staan om met de mensen een praatje te maken. Of speelde haar geheugen haar parten? Ze dacht toch ook dat de zomers altijd warm waren toen ze jong was en dat ze de hele zomer doorbrachten aan het strand van Killiney? Dat was niet waar; haar jongere broer Charlie zei dat ze daar elke zomer maar twee of drie keer heen gingen en misschien was die andere herinnering evenmin waar. Misschien bleef ze niet aan het eind van Eglinton Road staan om de meisjes aan te wijzen waar de bussen gingen slapen in het bushuis, misschien waren er toen ook niet zoveel mensen in de buurt geweest.

Ze keek naar de prijzen van wijn in de slijterij en schreef de namen van een aantal wijnen op, zodat ze later haar keuze kon maken. Daarna bracht ze een prettig uurtje door in de grote boekhandel waar ze boeken inkeek. Ze schreef het ene na het andere recept over in haar aantekenboekje. Van tijd tot tijd wierp iemand van het personeel een blik op haar, maar ze zag er netjes uit en veroorzaakte geen last, zodat geen van hen er iets van zei. Ze hield een opmerking in gedachten die Ethel ooit had gemaakt over een vrouw bij wie ze had gegeten. 'Dat mens heeft geen fantasie. Ik begrijp niet waarom je anderen uitnodigt voor een garnalencocktail en rosbief. Ik bedoel, waarom vraag je dan niet of ze eerst thuis wat eten en later langs komen om iets te drinken?' Carmel vond garnalencocktail heerlijk en had glazen schaaltjes waarin de cocktail heel goed zou ogen. Die schaaltjes werden gebruikt om kleinigheden in te bewaren toen ze jong was. Ze had ze bewaard nadat de spullen waren verdeeld tussen haar en Charlie, maar ze nooit gebruikt. Ze stonden te verstoffen, acht stuks, achter in de kast in de bijkeuken. Ze zou een ander soort voorgerecht maken, geen garnalencocktail, en er de glazen schaaltjes voor gebruiken, wat voor gerecht het ook was. Partjes grapefruit wees ze van de hand en ze dacht methodisch verder. Je kon geen paté nemen, want die werd op een bord geserveerd; of soep die niet in glas kon worden opgediend; of een soort vis... nee, het moest natuurlijk iets kouds zijn dat je met een lepel at.

Ze zou er wel uitkomen. Ze had de hele dag. Ze had nog negenentwintig dagen... Ze had geen haast. Ze moest zich niet druk maken. Maar ze was er al uit. Sinaasappel met vinaigrette. Ethel kon niet zeggen dat zoiets fantasieloos was... Je sneed sinaasappels, zwarte olijven en uien in kleine stukjes, met verse munt... het klonk geweldig, goot er een vinaigrettesaus overheen... en het was volmaakt. Carmel glimlachte tevreden. Ze wist dat ze het goed deed. Alles wat ze moest doen, was rustig doorgaan.

Ze zou nu naar huis gaan om te rusten; morgen zou ze verder gaan met een hoofdgerecht en ten slotte een dessert. Thuis had ze ook werk te doen. Joe had gezegd dat hij medewerking nodig had als hij zou komen om haar te helpen. Ze mocht niet veranderen in een ouwe slons, ze moest er knap en aantrekkelijk en goed verzorgd uitzien. Ze had dertig middagen om dat te regelen.

Sheila kwam onderweg van school naar huis even langs. Ze leek opgelucht toen ze Carmel thuis trof en haar gezicht stond bezorgd.

'Ik maakte me een beetje ongerust. Martin vertelde dat je ons een brief had gestuurd.'

'Het was alleen maar een uitnodiging,' glimlachte Carmel. 'Kom binnen, dan drinken we een kop koffie. Ik was net bezig een aantal kasten op te ruimen... Ik heb een massa kleren die naar de Vincentiusvereniging zouden moeten... Maar je weet hoe dat gaat, je schaamt je om ze zo weg te geven, dus laat je ze eerst stomen. Wanneer ze dan terugkomen van de stomerij, zijn ze beter dan alles wat in de kast hangt en dus geef je ze helemaal niet weg.' Carmel lachte vrolijk toen ze de keuken inliepen om water op te zetten.

'Het leek alleen zo vreemd om te schrijven terwijl ik bijna elke dag met je praat...'

'Vind je? O, dat weet ik niet. Ik ben zo'n slechte gastvrouw, dat ik dacht dat je dingen als uitnodigingen op schrift moest zetten, omdat mensen je anders niet geloven. Ik neem aan dat ik daarom heb geschreven. Ik zou het je in elk geval ook hebben gezegd.'

'Maar gisteren zei je er niets over.'

'Nee, dan moet ik het vergeten zijn.'
'Er is toch niets mis, Carmel? Is alles goed met je?'
Carmel stond met haar rug naar Sheila. Ze ontspande bewust haar schouders en wilde niet haar vuisten ballen. Niemand zou zien hoe het haar ergerde wanneer mensen haar op die bezorgde toon vroegen of alles goed met haar was.
'Natuurlijk. Waarom zou dat niet zo zijn? Ik ben een dame met veel vrije tijd! Jij moet uitgeput zijn na een hele dag met al die onrustige en lawaaierige kinderen. Ik vind dat je heilig verklaard zou moeten worden.'
'Vertel me over het diner,' zei Sheila.
'O, dat is pas over een maand,' lachte Carmel.
'Dat weet ik.' Het geduld van Sheila leek op te raken. 'Ik weet dat het pas over een maand is, maar je hebt pen en papier gepakt en geschreven, dus dacht ik dat het iets groots werd.'
'Nee, nee. We zijn maar met z'n achten. Dat heb ik ook geschreven.'
'Ja, Martin heeft me dat verteld. Ik was niet thuis toen de brief kwam.'
'Heeft hij je gebeld? O, wat aardig van hem. Maar het was niet nodig. Je had me nog altijd iets kunnen laten weten.'
'Ja, en jij had mij nog altijd iets kunnen laten weten.' Sheila zag er bezorgd uit.
'Natuurlijk. Hemel, wat maken we er een drukte van! Als je bedenkt naar hoeveel diners Ethel gaat en zelf geeft...'
'Ja, maar Ethel is Ethel.'
'En jij, ik bedoel jij en Martin hebben toch ook vaak mensen op bezoek? Ik hoor je vaak zeggen dat er mensen zijn geweest.'
'Ja, maar dat is heel informeel.'
'O, dat zal dit ook zijn. Het zijn hoofdzakelijk mensen die we allemaal goed kennen.'
'Maar Ruth... Ruth O'Donnell... haar kennen we niet zo goed. En weet je, ik geloof dat die avond haar tentoonstelling wordt geopend. Eigenlijk weet ik dat wel zeker.'
'Ja, dat klopt. Dat heb ik in de brief geschreven. Heeft Martin je

dat niet verteld? Ik weet dat we allemaal naar de opening gaan... Maar die is om vier uur. Tegen zes uur zal het wel voorbij zijn en zelfs als er mensen zijn die daarna iets willen drinken... Nou, ze zijn niet eerder uitgenodigd dan acht uur, half negen.'

'Ja, maar denk je niet dat ze op de avond van haar eigen tentoonstelling met haar eigen vrienden wil uitgaan?'

'Maar we zijn in zekere zin haar vrienden.'

'Toch niet echt? Ik bedoel, behoor jij tot haar vrienden? Ze komt hier normaal toch niet?'

'Nee, ik geloof niet dat ze hier ooit is geweest. Ik dacht dat het leuk voor haar zou zijn... en ze woont niet ver weg, in dat nieuwe flatgebouw, dus hoeft ze niet ver te gaan om zich om te kleden.'

Sheila zette haar koffiekopje neer. 'Ik geloof niet dat het een goed idee is. We kennen haar niet. Waarom zou je iemand die we niet zo goed kennen op een diner vragen? Laten we het gewoon op ons zessen houden... Dat zou leuker zijn.'

'Nee, ik heb haar toch al uitgenodigd en ik begrijp niet waarom je dat zegt. Jij hebt me gezegd dat ik moest uitgaan en meer mensen moest ontmoeten.'

'Ik heb niet gezegd dat je moest uitgaan en bekende kunstenaars op een diner moest uitnodigen,' mompelde Sheila.

'Geef me geen preek,' zei Carmel met een lach.

Sheila moest toegeven dat Carmel er vrolijker en meer ontspannen uitzag dan ze in de laatste tijd had gedaan. Ze leek meer op de Carmel van vroeger. 'Goed, dat zal ik niet doen. Laat me je opgeruimde kast bekijken. Misschien kun je iets aan mij geven in plaats van aan de Vincentiusvereniging. Ik zou het best kunnen gebruiken. Een lerares krijgt niet veel betaald, als je bedenkt hoe we ons leven op het spel zetten.'

'Hoe gaat het met Martin?'

'O, prima. Hij is geweldig, weet je. Hij klaagt nooit. Ik weet zeker dat hij het vreselijk vindt, maar hij klaagt nooit.' Martin was twee jaar geleden overbodig geworden na een fusie. Hij had een gouden handdruk gekregen. Hij was pas tweeënvijftig en had verwacht een andere baan te krijgen. Vervolgens had hij erover gedacht een boek te schrijven. Iedereen dacht dat hij een boek aan het schrijven was, maar Sheila loog nooit tegen Carmel. Tegenover Carmel gaf ze toe dat Martin stofzuigde en de boodschappen deed. Ze deden alsof Sheila graag weer voor de klas stond. Niet veel mensen wisten dat ze er een grote hekel aan had. Haar kinderen wisten het niet en zelfs Martin wist het eigenlijk niet. Carmel vermoedde soms iets, maar Carmel was een oude vriendin. Het maakte niet uit wat zij allemaal van hen wist. Soms waren de dingen die ze deed alleen wat verontrustend. Zoals die vrouw uitnodigen op een diner. Was het mogelijk dat de zenuwen van Carmel het weer begonnen te begeven? Ze maakte zo'n gezonde indruk en ze zag er goed uit. Maar het was wel een vreemd idee.

'Zeg, je hebt de zaak grondig aangepakt. Je hebt alles eruit gehaald. Wat is de goede stapel en wat de slechte?'

'Dat weet ik niet. Het lijkt allemaal op elkaar. Het zijn toch net muizenkleren? Weet je nog dat we jaren geleden naar een musical gingen? Mensen waren gekleed in muizenkostuums en rattenkostuums... Daar lijken ze op!'

'Carmel, je bent idioot! Natuurlijk lijken jouw kleren daar niet op. Ze zijn prachtig. Heb je twee van deze blauwe vesten?'

'Ik geloof dat ik er drie van heb. Telkens als ik naar een winkel ga, kan ik niets anders bedenken om te kopen dan grijze rokken en blauwe vesten. Neem er van elk maar een.'

'Ik meen het. Heel, heel idioot.'

Carmel glimlachte tevreden. Andere mensen zeiden: 'Doe niet zo vreemd.' Sheila zei dat ze idioot was. Dat was veel leuker.

'Nou?' wilde Martin weten.

'Ik gelóóf dat het goed met haar is. Je weet het nooit zeker.'

'Je bedoelt dat die uitnodiging een grap was?'

'Nee, ze meent het. Ze geeft een diner. Ze wil er alleen niet over praten.'

'Dan is het niet goed met haar.'

'Ik weet het, maar ze lijkt normaal. Ze gaf me een rok en een vest.'

'Dat maakt haar normaal?'

'Nee, je weet wat ik bedoel. Ze praatte over gewone dingen. Ze is niet alleen maar aan het fantaseren of zo...'

'Heb je het dan uit haar hoofd gepraat?' wilde Martin weten.

'Dat kon ik niet. Ze wil er helemaal niet over praten. Dat zei ik toch.'

'O, geweldig,' zuchtte hij. 'Zo kan-ie wel weer. Jij bent toch haar vriendin.'

'Martin, ik heb een zware dag gehad. Niet zomaar een zware dag – elk onderdeel ervan was zwaar. Ik wil er niet meer over praten. Ik heb mijn best gedaan om met Carmel te praten. Zij wílde er alleen niet over praten. Dat is alles. Wil je me nu met rust laten?'

'Ja, ik weet dat ik iets voor je had moeten inschenken en dat ik de haard had moeten aanmaken en je zorgen had moeten proberen te verzachten... als een echte huisvrouw. Het spijt me dat ik daar slecht in ben. Dat hoef je me niet onder mijn neus te wrijven.'

'Martin, als je vanavond hebt uitgekozen om op een abominabele manier "Ik ben geen goede kostwinner" op te voeren, dan heb je de verkeerde avond uitgekozen. Hou je mond en ga zitten. Ik hou van je. Ik wil niet dat je rondhuppelt en mij in de watten legt, omdat ik een zware dag heb gehad... Begrepen?'

Hij voelde zich schuldig. 'Het spijt me. Echt. Ik ben alleen ongerust.'

'Ik ook.'

'Denk je dat ze iets weet van Ruth? Denk je dat ze iets heeft gehoord...?'

'Hoe kan ze iets hebben gehoord? Wie komt ze tegen? Waar gaat ze naartoe? Als het niet ter sprake kwam tijdens de Gay Byrne show of als het niet in de *Evening Press Diary* stond, kan ze niets hebben gehoord.'

'Wat moeten we doen?'

'Ik heb geen idee.'

'Het spijt me dat ik laat ben,' riep David. 'Het verkeer was vreselijk. Het heeft tegenwoordig geen zin om een auto te nemen, dat heb ik al zo vaak gezegd.'

'Dat vind ik ook. Lijn tien zet je voor je deur af.'

'Ik kan lijn tien niet pakken. Die komt nooit of hij is vol als hij wel komt.'

'Trouwens, waarom zou je een grote auto kopen als het niet is om ermee te showen?'

'Wat?' In de gang klonk David duidelijk humeurig.

'Niets. Je zei dat het je speet dat je laat was. Schiet dan op als je je nog wilt omkleden of wassen of wat dan ook...'

'Waarvoor?' David klonk nog meer uit zijn humeur. 'O hemel, dat was ik vergeten. Moet dat? Kunnen we niet...?'

'Het moet en we kunnen nu niet afbellen. We hebben twee weken geleden ja gezegd.'

'Dat is allemaal heel leuk voor jou.' Nijdig stampte David de trap op. 'Jij hebt de hele dag niets te doen dan tutten... jezelf optutten.'

'Dank je,' zei Ethel ijzig.

Ze ging aan de toilettafel in hun slaapkamer zitten. De deur naar de badkamer stond open en hij kon de dikke gekleurde handdoeken opgestapeld zien liggen op de commode. Hij wist dat hij zich beter zou voelen als hij een bad had genomen. Hij wist dat het oneerlijk was om haar de schuld te geven.

'Het spijt me,' zei hij.

Hij kuste haar aan de toilettafel. Ze rook whiskey.

'Serveren ze cocktails bij verkeersopstoppingen?' vroeg ze.

Hij lachte. 'Betrapt. Ik ben bij de club langsgegaan.' Hij keek schuldig.

'Die ligt natuurlijk op weg naar huis.' Ze deed nog steeds koel.

'Nee, natuurlijk niet, maar ik heb de rondweg genomen. Ik heb er trouwens maar twee gehad. Weet je wie er was? Je raadt nooit wat er is gebeurd.'

Ze raakte geïnteresseerd. Hij vertelde heel weinig interessante verhalen uit de buitenwereld. Ze moest porren en wrikken en vissen om te ontdekken wat gebeurd kon zijn. Ze volgde hem de badkamer in. Hij gooide zijn jasje uit en worstelde met zijn overhemd.

'Ik trof Dermot, Dermot Murray.'

'O ja?' Een en al aandacht vergat ze haar ergernis. 'Wat zei hij?'

'Nou, het is verrassend, heel verrassend.'
'Ja? Ja?'
'Hij zat met een paar lui te praten. Ik weet niet wie ze waren. Een was ik eerder tegengekomen, volkomen respectabel, zit in onroerendgoed, geloof ik, en komt uit het noorden van de stad... hij zat in elk geval bij hen in die hoek.'
'Ja... wat zei hij?'
'Wacht, wacht. Dat ga ik je vertellen.' David had onder het praten de kranen van het bad opengedraaid. Het water spoot met een krachtige straal omlaag. Binnen een minuut stond het vertrek vol stoom. 'Ik zei tegen hem: "Hoe gaat het met je, Dermot?"'
David stond in zijn onderbroek en kwelde zijn vrouw door de uitvoerige manier waarop hij de onbelangrijke zaken van het gesprek herhaalde. Ze besloot zich er niets van aan te trekken.
'Ik zal hier op de wc gaan zitten en als je zin hebt om me iets te vertellen, doe dat dan.'
Hij trok de douchegordijnen om zich heen terwijl hij in het bad stapte. Dit was een vorm van preutsheid die tegelijk met zijn buikje was opgekomen. Op jongere leeftijd waren ze vaak samen in bad gegaan en hadden ze altijd in elkaars bijzijn een bad genomen.
'Nee, het is echt vreemd,' klonk de stem van achter het gordijn. 'Ik zei: "Bedankt voor die uitnodiging" en hij zei: "Welke uitnodiging?" en ik schrok zo dat ik me dwaas begon te gedragen. Dat begrijp je wel. Ik zei: "Kom op. Je kunt er nu niet meer onderuit. Een uitnodiging is een uitnodiging".'
'Wat zei hij toen?'
'Hij zei: "Je maakt het me wel moeilijk, David. Ik weet echt niet waar je het over hebt." Hij zei het zo rechtuit, dat ik me een beetje dwaas voelde. Ik kon me er net uit redden. Ik zei dat het waarschijnlijk een vergissing was of dat jij niet goed naar de brief had gekeken.'
'Je wordt bedankt,' zei Ethel.
'Ik moest iets zeggen. Hoe dan ook, hij zei: "Brief? Welke brief?" Daar ging ik meteen op in. Ik zei: "O, het is een vergissing. Ik dacht dat we een brief hadden gekregen waarin jij en Carmel ons uitno-

digden voor een diner. Ik moet het mis hebben." Hij zei dat het niet erg waarschijnlijk was dat ze mensen had uitgenodigd zonder hem dat te zeggen. Misschien moest het een verrassing blijven.'

'Nou, als dat geen verrassing is!' zei Ethel.

'Dat dacht ik ook, dus noemde ik de datum. Ik zei dat het de achtste was. Hij zei: "Krijg nou wat. Misschien is het een verjaardagscadeautje en mag ik er niets van weten." Maar hij keek ongerust. Hij herhaalde de datum alsof hij ervan wist. En toen zei hij: "Toch niet de achtste?" En ik zei nogal zenuwachtig: "Ik zal het wel mis hebben..."'

'Hij weet er niets van. Ze doet dat zonder hem iets te vertellen. Ze nodigt ons allemaal uit voor een vreselijk drama. Daar gaat het om.' Het gezicht van Ethel zag er eerder bedrukt dan opgewonden uit. Het moest iets opwindends zijn... een openlijke ruzie, een schandaal. Maar niet met Carmel Murray. Arme Carmel was te kwetsbaar.

David stapte uit het bad en droogde zich stevig af met een van de grote gele handdoeken. 'Hij weet echt niet dat ze het diner geeft, de arme kerel. Is dat niet vreselijk? Goddank heb ik er iets van gezegd, ook al had ik het gevoel dat ik ergens in was getrapt. Het zal hem tenminste wat tijd geven om er iets aan te doen.'

'Maar ze kan het niet weten, van Ruth. Ze kan onmogelijk op de hoogte zijn,' zei Ethel peinzend.

'Misschien heeft iemand haar een anonieme brief gestuurd. Je weet wel: "Ik vind dat je zou moeten weten..."' David was zich nog steeds aan het afdrogen.

'Je schuurt het vel nog van je rug. Vooruit, aankleden. Ze kan het niet weten. Als ze het wist, zou ze haar dan in een miljoen jaar uitnodigen voor een diner?'

Joe en Henry waren aan het koken voor een diner. Ze caterden vaak van huis uit, omdat het gemakkelijk verdiend geld was. Ze maakten de canapés terwijl ze naar de televisie keken en zetten alles in de diepvries. Ze kregen heel veel gratis dingen als huishoudfolie en aluminiumfolie van het hotel waar Henry werkte en ze konden gebruik maken van een auto van het toeristenbureau waar Joe werkte.

'Waarom laat het oude mens jou niet koken als ze zo zenuwachtig is? Jij zou in twee uur een diner in elkaar kunnen flansen.'

'Daar gaat het niet om. Ze moet het allemaal zelf kunnen doen.'

'Hoe ziet ze eruit? Triest en chagrijnig?'

'Dat weet ik niet,' zei Joe. 'Ik heb haar twintig jaar niet gezien. Ze is in die tijd misschien veel veranderd.'

'Hallo, Carmel, ben jij dat?'

'Natuurlijk ben ik het, lieverd. Wie zou het anders zijn?'

'Carmel, ik ben in de club. Dat had ik je gezegd. Ik moest met een paar mensen praten. Dat had ik je gezegd.'

'Ik weet dat je me dat had gezegd.'

'Ik kom dus niet thuis. Heb je al gegeten?'

'Gegeten?'

'Carmel, het is acht uur. Ik bel je vanuit de club om je een eenvoudige vraag te stellen: heb je al dan niet gegeten?'

'Ik heb wat soep gehad, Dermot, maar ik heb biefstuk en bloemkool... Ik kan voor je klaarmaken wat je wilt.'

'Heb jij David geschreven?'

'Wát? Ik kan je moeilijk verstaan. Met al dat lawaai daar.'

'Laat maar. Ik kom naar huis.'

'O, goed. Moet ik...?'

Hij had opgehangen.

Onderweg naar huis had hij de hele tijd tegen zichzelf gezegd dat het onmogelijk was. Ze kon niet hebben besloten een diner te geven zonder het tegen hem te zeggen. En als ze het wel had gedaan, als ze na een dwaze inval had besloten om al hun vrienden uit te nodigen om getuige te zijn van een tafereel van echtelijk geluk... hoe kon ze dan de achtste oktober hebben gekozen?

Dat was de verjaardag van Ruth, haar dertigste verjaardag. Hij had haar overgehaald om op die dag haar tentoonstelling te openen om aan iedereen te laten zien dat ze iets had bereikt. Ruth had gezegd dat ze geen tentoonstellingen wilde, dat ze niets aan de wereld wilde laten zien, als hij niet naast haar kon staan. Ze wilde zich niet blijven verbergen en doen alsof. Als verslaggevers op haar af werden gestuurd om haar te interviewen, dan wilde ze niet langer lachend vragen pareren over de motieven waarom ze nooit was getrouwd. Ze vond het dwaas om mensen te vertellen dat haar kunst haar leven was. Dat klonk zo hol, zo tweederangs en zo onecht. Ze wilde hun vertellen dat ze liefhad en werd liefgehad. Dat ze daaruit de kracht haalde om te schilderen.

Ze was met tegenzin akkoord gegaan. De galerie was zonder moeite gevonden. Mensen stonden te popelen om het werk van Ruth O'Donnell op te hangen. Het werk was gedaan. Ze was uitgeput. Ze zei dat ze een tijd weg wilde, ver weg, uit zijn buurt. Ze zou haar dagen niet besteden aan plannen maken over hoe ze uit zijn leven zou stappen, dat verzekerde ze hem en hij geloofde haar. Ze wilde alleen vrij zijn, uitrusten en zich niet verbergen. Dat geloofde hij ook. Hij beloofde dat hij haar niet zou bellen of schrijven. Dat zou hetzelfde zijn alsof ze bij hem was, zei ze. Het had geen zin om zich af te zonderen als je uren besteedde aan het schrijven van een brief of aan wachten op de post.

Ze zou een volle week voor opening van de tentoonstelling terugkomen, op tijd om ervoor te zorgen dat alles werd opgehangen. Ze was pas gisteren vertrokken. Het toeval kon toch niet zo wreed zijn dat het deze avond voor hem bediert door hem met een huilende Carmel op te schepen. Want als ze toch voor de achtste een diner had georganiseerd, dan zou ze dat niet gauw afzeggen. Daarom had hij die twee veilingmeesters in de club als snotneuzen laten zitten. Dit moest meteen uitgezocht worden.

'Ik denk dat mama een beetje eenzaam is,' zei Bernadette tegen Frank.

'We zijn allemaal eenzaam. Het is het lot van mannen en vrouwen om alleen door het leven te gaan, terwijl ze denken in het gezelschap van vrienden te verkeren, maar mensen alleen maar afstoten.'

'Ik meen het,' zei Bernadette. 'Ze is heel goed voor ons, Frank. Ze doet alsof ze het niet erg vindt dat we samenwonen, maar in de grond van haar hart vindt ze dat wel.'

'Onzin. Zolang we niets te openlijk doen voor al die kennissen van haar, vindt ze alles goed.'

'Al die kennissen van haar? Die zijn er niet.'

'Ze moeten er zijn. Chic huis midden tussen de society... natuurlijk heeft ze die. Heb je me vanavond niet verteld dat ze maanden in het voren diners organiseert?'

'Dat staat me juist niet aan.'

'Jij bent ook nooit tevreden! Zeg dan wat je wilt, dan zal ik overwegen of we het doen of niet. Wil je dat we haar kidnappen en haar voor de rest van haar leven vastgebonden met de ceintuur van een kamerjas opsluiten in de badkamer?'

'Nee,' antwoordde ze lachend.

'Wat wil je dan, Ber?'

'Ik heb me afgevraagd of we vanavond onderweg naar het feest bij haar kunnen langsgaan. Alsjeblieft.'

'Ach nee,' zei hij.

'Gewoon even,' smeekte ze.

'Dat zitten we er de hele avond,' zei hij.

'Echt niet. We stappen gewoon uit de bus, lopen binnen, praten wat en gaan weer.'

'Dat zou erger zijn dan helemaal niet gaan.'

'Nee, het zou me wat geruststellen.'

'Tien minuten dan. Goed?'

'Een half uur. Goed?'

'Twintig minuten.'

'Afgesproken.'

'Zeg alsjeblieft niets tegen de O'Briens, wil je?' zei Ethel toen ze in de auto zaten.

'Wat zou ik moeten zeggen? Ik hou niet van kletspraatjes. Ik praat nooit over mensen. Jij bent de enige die graag kletst.'

David hield zijn ogen op de weg, maar hij wist dat het profiel van zijn vrouw stuurs was. 'Nee, ik zal tegen niemand iets zeggen. Maar vind jij dan dat we iets moeten doen of zeggen? We kunnen het niet allemaal rustig laten gebeuren.'

'Lieve help, wat kunnen we eraan doen? Jij lijkt Superman wel of de aartsengel Gabriël die tussenbeide komt. Wat kunnen we doen?'

'Ik denk dat we tegen Carmel kunnen zeggen dat het geen goed idee is en dat ze er nog eens over na moet denken.'

'Het is verbazingwekkend dat jij erin slaagt om aan het werk te blijven, laat staan je eigen zaak te leiden,' zei Ethel zuur.

'Dat is allemaal te danken aan de loyale vrouw achter me. Zij geloofde in me toen niemand dat deed,' zei hij met een spottend overdreven Amerikaans accent.

'Nou, als ik ooit de vrouw achter jou tegenkom, dan zeg ik je één ding, ik zal haar niet uitnodigen op een diner met al onze kennissen,' zei Ethel. Zwijgend reden ze verder naar de O'Briens.

Frank en Bernadette vertrokken net toen de auto van Dermot tot staan kwam.

'Misschien geeft hij ons een lift,' zei Frank optimistisch.

'Volgens mij is dat wat te optimistisch gedacht. Ik zou hem niet vragen,' zei Bernadette. 'Hoe gaat het met je, papa?'

'Ik begrijp dat dit het jaarlijkse bezoek is,' zei Dermot.

'Hallo, meneer Murray,' zei Frank.

'Hallo, eh...' zei Dermot radeloos zoekend naar zijn naam.

De vuist van Bernadette balde zich in haar zak. 'We zijn even bij mama langs geweest. We zijn op weg naar een feest.'

'Ik zal je niet ophouden,' zei Dermot.

'O papa, wat kun jij bot zijn,' zei Bernadette. 'Waarom doe je niet aardig en gemakkelijk en...'

'Dat weet ik niet,' zei Dermot. 'Het moet iets te maken hebben met eropuit trekken om de kost te verdienen en verantwoordelijkheden op je schouders te nemen.'

'Wij werken ook, papa.'

'Hm,' zei Dermot.

'Leuk dat we even konden praten, meneer Murray,' zei Frank op een geaffecteerde toon.

'Neem me niet kwalijk,' zei Dermot. 'Ik ben uit mijn humeur. Natuurlijk werken jullie allebei. Ik maak me alleen ergens zorgen over. Kom mee naar binnen, dan zal ik jullie iets te drinken geven.'

'Dat is geweldig vriendelijk van u, meneer,' zei Frank.

'Nee papa, we moeten weg. We zijn alleen komen kijken of het goed ging met mama.'

'En is dat zo?' vroeg Dermot verontrust.

'O ja,' zei Bernadette, een beetje te vlug. 'Het gaat goed.'

'Ik hoorde jullie stemmen. Ben je ze tegengekomen op de oprijlaan?' vroeg Carmel.

Dermot had het altijd irritant gevonden dat ze het stukje naar het hek een 'oprijlaan' noemde. Het was twaalf stappen van de voordeur naar het hek als je grote stappen maakte en je kon er hoogstens twintig kleine stappen over doen.

'Ja. Wat wilden ze?'

'O, Dermot, ze zijn gewoon even langsgekomen. Dat was aardig van ze.'

'Ze zeiden dat ze kwamen kijken of het goed met je ging. Waarom hebben ze dat gedaan?'

'Dat doen mensen, lieve Dermot, wanneer ze bij andere mensen op bezoek komen.'

Ze zag er opgewekt en kalm uit en maakte geen gekwelde of berustende indruk. Ze maakte geen grapjes die niet leuk waren. Er was geen spoor van tranen.

'Wil je een echte maaltijd aan tafel of wil je liever iets eten bij de televisie?' vroeg ze. 'De telefoon kraakte zo en met die herrie van de mensen op de achtergrond kon ik niet horen of je had gegeten. Je bleef me vragen of ik...'

'Ga zitten, lieve Carmel,' zei hij.

'Ja, zo meteen, maar wat wil je...'

'Ga nu zitten, Carmel. Ik wil met jou praten en niet tegen je rug terwijl je de deur uit loopt.'

'Goed, Dermot, goed. Zo dan?'
'Heb je een massa mensen uitgenodigd op de achtste oktober?'
'Zeker niet.'
'Dat heb je niet.' De opluchting was overstelpend. Die werd zichtbaar over zijn hele gezicht. 'Sorry, lieve Carmel. Er was sprake van een dom misverstand.'
'Nee. Ik heb alleen onze vrienden uitgenodigd en besloten dat we een leuke avond met een goed diner zullen hebben. Je hebt vaak gezegd...'
'Wat bedoel je...?'
'Jij hebt vaak gezegd dat we meer mensen over de vloer zouden moeten hebben en om de een of andere reden voelde ik me daar niet toe in staat, maar ik heb besloten dat je gelijk had. Daarom heb ik gewoon een paar mensen uitgenodigd... voor een diner.'
'Wanneer? Wanneer?'
'O, dat duurt nog eeuwen. De achtste zoals je zei, de achtste oktober. Gewoon een eenvoudig diner.'
'Wie heb je uitgenodigd?'
'Alleen maar vrienden. Sheila en Martin, en David en Ethel, en...'
'Die heb je allemaal hier uitgenodigd op de achtste?'
'Ja. En ik heb ook die aardige Ruth O'Donnell uitgenodigd, je weet wel, die kunstenares.'
'Carmel. Wat ben je...'
'Je kent haar toch nog wel. We zijn haar heel vaak tegengekomen en je vertelde me hoe goed ze was. We hebben haar in geen eeuwen gezien, maar ik heb haar wel geschreven dat er veel mensen zouden zijn die ze kende... Ik bedoel, David kent haar professioneel. Zijn bedrijf heeft haar ooit een beurs toegekend, heb ik gelezen...'
'Ja...'
'En ze zal Sheila ook wel kennen, want ik geloof dat ze op haar school is geweest om een lezing te geven.'
'Waarom heb je me niets gevraagd? Niets gezegd?'
'Maar Dermot, jij zegt altijd dat ik zelfstandig dingen moet doen

en zelf initiatieven moet nemen. Ik heb dat nu eens gedaan. Ik heb alle uitnodigingen verstuurd... en nu is dat ook weer niet goed.'

'Maar ik denk dat je de verkeerde avond hebt uitgekozen. Ik denk dat het de avond is waarop ze haar opening heeft. Ik geloof dat ik je heb verteld...'

'Ja, dat heb je. Ik weet het nog. Je zei dat ze pas dertig was en toch al heel goed. Ik herinner me de datum.'

'Hemel.'

'Dus dacht ik dat het voor haar leuk zou zijn om naderhand ergens naartoe te gaan. Ik heb in de krant gelezen dat ze niet getrouwd is en dat ze zelfs niet eens 'hokt' zoals onze Bernadette. Daarom dacht ik, wat zou voor haar aardiger zijn dan 's avonds iets te hebben om naartoe te gaan.'

'Ja.'

'Dat heb ik dus geschreven in mijn brief. Dat het een aardige afronding van de avond zou zijn.'

'Hoe wist je waar ze woonde?' Zijn stem stokte.

'Dat heb ik opgezocht in het telefoonboek, dommerd!'

'Je hebt de brief misschien naar de verkeerde gestuurd...'

'Maar ze heeft ons verteld dat ze in dat nieuwe flatgebouw woonde. Weet je dat niet meer? Ik ben nou ook weer niet zo'n leeghoofd.'

'Sheila, kan ik even een woordje met je wisselen voordat je de school ingaat?'

'Wat liet je me schrikken, Dermot Murray. Ik dacht dat je een bewaker was.'

'Luister, heb je even? Kunnen we in jouw auto gaan zitten.'

'De helft van de zesde klas denkt toch al dat je me een oneerbaar voorstel doet! Wat is er, Dermot? Vertel het me hier maar.'

'Nee, ik wil je niets vertellen. Ik wil je iets vragen.'

Het hart van Sheila was loodzwaar. 'Vraag op, maar doe het snel. De bel gaat en ik moet naar binnen.'

'Weet Carmel van Ruth?'

'Wat zei je?'

'Je hebt me wel gehoord.'
'Dat heb ik niet. Ik heb je niet gehoord. Begin opnieuw.'
'Weet Carmel over Ruth en mij?'
'Ruth? Ruth O'Donnell?'
'Sheila, hou me niet voor de gek. Ik weet dat jij het weet en jij weet dat ik weet dat jij het weet. Ik wil alleen weten of Carmel het weet.'
'Jij veronderstelt heel veel. Wat is er te weten? Wat zou ik moeten weten? Laat me er alsjeblieft niet naar gissen.'
'Sheila, alsjeblieft, het is belangrijk.'
'Dat moet wel. Waarom zou je hier anders zijn? Ik heb geen idee waar je het over hebt.'
'Denk na. Denk vlug na. Ik weet dat je een goede vriendin van haar bent en met haar op school hebt gezeten. Maar denk erover na wat het beste is. Ik bedoel niet alleen het beste voor mij. Ik bedoel het beste voor iedereen.'
'Waarover moet ik nadenken?'
'Luister, ik ken je al jaren, Sheila. Ik ben toch geen onbenul? Ik ben een redelijk menselijk wezen. Zou ik hier 's ochtends op dit uur staan als ik het niet goed bedoelde?'

Elke keer wanneer Sheila nog even bij haar auto was blijven staan om een leerboek te zoeken, een boodschappenlijstje te schrijven of naar een van de laatste maten van een muzieknummer op de radio te luisteren... en dan had het doordringende geluid van de bel haar gestoord. Waarom gebeurde dat vandaag niet?

'Ik kan je niet helpen, Dermot,' zei ze. 'Ik weet niets. Echt niet. Ik praat nergens over, ik luister nergens naar. Ik kan geen hulp bieden.'

Hij geloofde haar. Niet dat ze niets van Ruth wist. Hij wist dat ze van Ruth op de hoogte was. Maar hij geloofde haar toen ze zei dat ze hem niet kon helpen. Ze wist niet of Carmel iets wist. Daar moest ze evengoed naar raden als hij.

'Wat moet ik doen?' vroeg hij haar.
En toen klonk het doordringende geluid van de bel.

'Ik belde je om meer te weten te komen over dat diner dat je geeft,' zei Ethel.

'Ik heb het allemaal in de brief uitgelegd,' zei Carmel. 'Jullie komen toch? Ik weet echt wel hoe druk jullie het hebben. Daarom heb ik jullie gestrikt door de avond te kiezen van de tentoonstelling van Ruth.'

'Ja, natuurlijk komen we. Je hoeft ons niet te strikken. Ik verheug me erop... Ik heb me alleen afgevraagd of het een verrassing was... een verjaardagsverrassing voor Dermot of zoiets. David is hem in de club tegengekomen en ik hoop dat hij niets heeft losgelaten.'

'Nee, het is niet de verjaardag van Dermot. Het kan wel de verjaardag van Ruth zijn. Ik geloof dat ze in oktober jarig is. Maar dat doet er helemaal niet toe. Ik heb Dermot verteld dat ik erover dacht om een diner te geven, maar je weet hoe mannen zijn, ze luisteren nooit. Hun hoofd is ergens anders. Waarschijnlijk maar goed dat we niet weten waar ze de helft van de tijd zijn. Denk je ook niet?'

Ethel had het ongemakkelijke gevoel dat Carmel haar uitlachte. Onzin natuurlijk, maar ze kreeg dat gevoel door de manier waarop Carmel praatte.

'O, Dermot, ik kan je niet zeggen waar ze is. Ze zei toch dat het er juist om ging dat jullie elkaar een tijdje niet zagen?'

'Luister, ik ga voor je op mijn knieën.'

Dermot had de jongere zuster van Ruth nooit echt gemogen. Een betweetster, een moraliste en het ergst van alles jaargenote van zijn dochter Anna toen die studeerde aan het University College in Dublin.

'Nee, ik heb plechtig beloofd dat ik niets zou loslaten. Ruth heeft me gezegd dat het alleen mocht als er sprake was van een echte crisis, over de galerie of zo.'

'Er is sprake van een heel grote crisis. Ik kan je niet zeggen hoe groot.'

'Kom nou, Dermot, hou je een keer aan de regels. Kun je haar niet gewoon met rust laten. Het is maar voor een paar weken.'

'Hoor eens hier, wijsneus.' Dermot was zijn laagje vernis van goede manieren nu helemaal kwijt. 'Ga naar de flat van Ruth. Daar ligt een aan haar geadresseerde brief met het poststempel DUBLIN 4. Maak die open en lees hem. Als je vindt dat het ernstig genoeg is, zou je misschien je zus kunnen bellen en haar kunnen vragen om mij te bellen. Dat is alles.' Hij stond op om het reisbureau uit te lopen waar ze werkte.

'Wacht. Het is toch niet iets smerigs? Een of ander schandaal?' Het meisje vertrok haar mond van afkeer.

'Het is alleen maar een uitnodiging voor een diner, maar misschien wil ze me daarover bellen.'

Hij trok de deur bijna uit de hengsels toen hij wegging.

Dermot belde met zijn kantoor.

'O, daar bent u, meneer Murray,' zei de receptioniste opgelucht. 'Het is niet uw gewoonte om te laat te zijn. Ik wist niet wat ik met uw telefoontjes moest doen. We hebben...'

'Ik voel me vandaag niet zo goed, Margaret. Wil je zo vriendelijk zijn om de afdeling personeelszaken te informeren en juffrouw O'Neill vragen om iemand anders op valuta te zetten en haar eigen spullen naar mijn bureau over te brengen.'

'Maar, meneer Murray...'

'Ik zal later terugbellen, Margaret. Belangrijk is dat juffrouw O'Neill aan mijn bureau zit. Verbind alle telefoontjes naar haar door. Zij weet hoe ze die moet afhandelen.'

'Wanneer...?'

'Zoals ik zei, ik zal later terugbellen, Margaret. De bank komt niet knarsend tot stilstand alleen omdat de directeur er een keer niet is.'

Hij hing op en had er meteen spijt van. Het kind aan de receptie kon het niet schelen of de bank wel of niet knarsend tot stilstand kwam. Waarschijnlijk hoopte ze het, als het erop aankwam. Waarom was hij zo kortaf geweest? Ze zou er zeker over gaan roddelen. Als hij dertig tellen langer de tijd had genomen om te sussen en gerust te stellen, zou het ongemerkt zijn gaan behoren tot de dingen van de dag... Arme meneer Murray voelt zich niet goed. Zal dat griepje meegepakt hebben. O, juffrouw O'Neill zorgt voor zijn werk... en daar zou het bij blijven. Nu zou het meisje aan de telefoon geïrriteerd zijn... doet bits tegen mij, snauwt me af om niets. Ik vroeg alleen maar iets. Wat geef ik erom waar hij is, wat hij doet. Hij kan me wat.

Waarom had hij niet het geduld opgebracht om gewoon twee normale opmerkingen te maken? Hij was tot dusver zo geduldig geweest, zo vreselijk geduldig in alles. Waarom had hij zich vanochtend niet kunnen beheersen? Hij fronste naar zijn spiegelbeeld in de achteruitkijkspiegel toen hij weer achter het stuur zat. Hij hield niet van de gespannen man van middelbare leeftijd die naar hem terugkeek. In gedachten zag hij er niet zo uit. In gedachten zag hij zich als de man van Ruth, haar steun en toeverlaat, de man op wie ze afsnelde wanneer ze uitgeput was van haar werk en wanneer ze vol twijfel zat. Voor het meisje aan de receptie in de bank was hij waarschijnlijk meneer Murray van middelbare leeftijd en als ze Ruth kende (wat heel goed mogelijk was in dit dorp dat ze een stad noemden), dan zou ze hem zielig vinden met zijn stiekeme relatie of ze zou hem een onderkruiper vinden die zijn vrouw bedroog.

Dermot had geen zin om ergens naartoe te rijden. Hij stapte weer uit de auto en liep naar het kanaal. Het was een mooie, frisse ochtend. Andere mensen zaten nog steeds in hun auto tussen de uitlaatgassen. Dat moesten de belangrijke directeuren zijn, de topmannen, als ze om tien voor tien nog op het werk konden komen. Was dat wel zo? Als ze topmannen waren, dan hadden ze misschien al om half acht aan hun bureau moeten zitten. Misschien behoorden ze tot de mannen die een familiebedrijf hadden geërfd en die niet hard hoefden te werken omdat ze de zoon van de baas waren. Grappig hoe je verschillende kanten van de maatschappij zag wanneer je even uit je eigen kleine tredmolen stapte.

Twee vrouwen passeerden hem op het pad langs het kanaal. Het waren opgewekt lachende vrouwen met hoofddoeken. De ene droeg een enorme plastic tas en de andere een grote gevulde kussensloop. Ze waren onderweg naar de wasserette. Ze behoorden tot de vrouwen die Carmel zou omschrijven als aardige, zielige schepsels. En toch waren ze lang niet zo zielig als Carmel. Ze sleepten de was van hun gezinnen kennelijk zonder tegenzin met zich mee. Carmel stond nu misschien gebogen over de bedieningsknoppen van een wasmachine in haar eigen keuken, maar waarschijnlijker was dat ze gewoon naar de achtertuin zat te staren. Hij had haar in loop van de laatste paar maanden terloops geobserveerd en zo was ze wanneer ze rustig zat. Haar gezicht was leeg alsof ze dat had achtergelaten en ergens anders naartoe was gegaan.

Hij had gehoopt dat ze hobby's zou krijgen, maar besefte steeds meer dat het ijdele hoop was. Ze had nergens belangstelling voor. Ze had niets wat haar uit die trieste houding zou tillen. Toen Anna en James hun eerste kind hadden gekregen, had Dermot gedacht dat die de tijd van Carmel in beslag zou nemen. Hij was er zeker van dat ze er om de andere dag naartoe zou gaan of dat ze Anna zou aanmoedigen om het kind in Donnybrook te laten, terwijl zij naar haar werk ging. Maar Dermot had niets begrepen van moderne, jonge moeders als Anna. Eerst Cilian, en daarna Orla, was gewoon deel gaan uitmaken van haar eigen leven alsof het volwassenen waren. Ze werden voortdurend op autostoeltjes vast- en losgespt. Ze reisden met een batterij opvoedkundig speelgoed en waren heel zelfstandig, waar ze ook naartoe gingen. Enthousiaste oma's kwamen niet meer in beeld.

En dan natuurlijk de slonzige Bernadette die samenwoonde met die Frank. 'Mijn flatmakker' noemde ze hem. Ze had haar moeder niet veel hulp of steun geboden. Zo was het toch? Dermot mopperde binnensmonds op haar. Het had weinig opgeleverd dat hij voor haar het College of Art had betaald, dat hij met alle plezier vrienden en vriendinnen had geholpen, was bijgesprongen en dingen had verkocht voor iemand die vastzat.

En vrienden en vriendinnen? Carmel praatte enthousiast over *de meisjes*. Waar waren de meisjes nu ze nodig waren? Die Sheila, de schooljuf die vanochtend de school in was gerend alsof haar leven ervan afhing. Geweldige vriendin als ze haar nodig had. 'Ik praat niet. Ik luister niet. Ik weet niets...' Fantastisch! En wie was er nog meer? Ethel... Zij en Carmel hadden op een gegeven moment heel goed met elkaar overweg gekund. Maar Carmel had het allemaal niet aangekund. Ze hadden er lang en breed over gepraat om de gastvrijheid van David en Ethel niet te beantwoorden en die niet langer te accepteren. Waarom had ze niet gewoon gezegd: 'Kom een avond eten,' zoals Ruth deed, zoals iedereen deed... iedereen behalve Carmel.

Hij hield zichzelf voor de gek als hij dacht dat ze zonder hem gelukkiger zou zijn, als hij zei dat ze het niet eens zou merken als hij wegging. Ze zou het niet aankunnen. Ze zou niet eens toekomen aan de combinatie van solidariteit en haat die de vrouw in Ballsbridge had getoond waarover ze hadden gehoord, de vrouw van die man met een voorlichtingsbureau. Ze was zo verontwaardigd geweest toen hij wegging dat ze tientallen vrouwen aan haar kant had gekregen. Je kon de naam van de man nauwelijks nog noemen zonder een afkeurend gesis te horen. Nee, Carmel zou zoiets niet doen.

Dermot bleef plotseling staan. Carmel zou niets doen. En daarom kon hij nooit bij haar weggaan. Ze zou helemaal niets doen. De rest van zijn leven kon hij thuiskomen, leugens vertellen, excuses maken, vergaderingen verzinnen, opgebeld worden door verzonnen cliënten met wie hij een paar uur moest praten. En Ruth zou evenmin iets doen. Ruth zou geen scène maken, niet eisen dat hij een keus moest maken, Ruth zou op niemand afstappen, geen confrontaties afdwingen. Zo was het twee hele jaren gegaan... iedereen wist zeker dat niemand anders iets zou doen. Ruth wist dat ze nooit helemaal voor hem hoefde te kiezen. Carmel wist dat ze hem nooit helemaal kwijt zou raken. En hij wist dat hij nooit gedwongen zou worden om te zeggen: 'Ik kies deze' of 'Ik neem die'.

Hij lachte grimmig bij zichzelf. De meeste mensen dachten dat het de droom van een getrouwd man was: een vrouw die geen vragen stelde en een minnares die geen vragen stelde. Maar het was een vreselijke droom, hij kon er een boek over schrijven hoe vreselijk die droom was. Je voelde je bij geen van beiden gelukkig, je voelde je bij allebei schuldig. Het feit dat niemand iets deed, maakte alles nog onoplosbaarder. Als Carmel had gedreigd en gesmeekt. Als Ruth ultimatums had gesteld. Misschien was alles dan beter geweest. Maar er gebeurde niets. Tot nu toe. Tot Ruth was uitgenodigd voor een diner.

Carmel moest het weten, zei hij voor de vijfhonderdste keer tegen zichzelf. Ze moest op de hoogte zijn. En toch was de herinnering aan gisteravond net een levendige film geweest die telkens weer werd afgedraaid.

'Vertel eens, waarom heb je besloten om Ruth O'Donnell uit te nodigen voor dat diner? We kennen haar nauwelijks en jij hebt haar maar twee keer ontmoet. Carmel, waar ben je mee bezig?'

'Het heeft niets anders te betekenen dan dat ik als huisvrouw meer gezelligheid wil scheppen. Ze is aardig. Dat zegt iedereen.'

'Maar waarom? Vertel me hoe je op het idee van een diner bent gekomen. Waarom over een maand?'

'Om me de tijd te geven het allemaal voor te bereiden. Ik ben niet een van die fantastische vrouwen voor wie jij zoveel bewondering hebt, die de hele golfclub moeiteloos een zesgangendiner kunnen voorzetten. Ik neem er graag de tijd voor.'

Ze had hem met een rond, onschuldig gezicht aangekeken. Ze had verder gepraat over Sheila die langs was gekomen, over Anna en James die naar het huisje waren gereden, over haar wens om kerstcadeautjes maanden eerder, in september, te kunnen kopen als de winkels lekker rustig waren.

Vier keer had hij het op een indirecte manier aan haar gevraagd, vier keer had ze hem met een uitgestreken gezicht antwoord gegeven. Ze vond het alleen maar een goed idee om mensen voor een dineetje uit te nodigen. Waarom had hij er iets op aan te merken? En op die vraag had hij nooit antwoord gegeven. Zelfs niet met een leugen.

Ze gingen om elf uur naar de mis in de kerk van Donnybrook en kochten daarna de kranten.

'Heb jij nog iets nodig uit de winkels?' vroeg Dermot. 'IJs? Een pasteitje?'

'Nee, ik ben op dieet, maar jij mag wel iets kopen als je dat wilt,' zei ze vriendelijk. Hij had naar haar gezicht gekeken terwijl ze bad. Hij had haar met gebogen hoofd zien terugkomen van de communie. Ze vroeg hem nooit waarom hij niet ter communie ging. Ze vroeg hem nooit iets.

Anna en James waren blij. Het was een fantastische dag geweest en ze hadden in de openlucht geluncht. Met z'n twaalven hadden ze over de baai zitten uitkijken en gezegd dat dit het leven was en dat ze wel gek leken om in Dublin te wonen. Anna had geregeld dat een vrouw uit het dorp vers brood bakte en dat hadden ze gegeten met hun paté. Iedereen was er weg van geweest. Cilian en Orla speelden op een afstand met de drie kinderen die op bezoek waren. Sommigen van hun vrienden hadden in een hotel gelogeerd, anderen hadden een huisje gehuurd... Ze keken allemaal met onverholen jaloezie naar het comfort en de luxe die James en Anna voor zichzelf hadden geschapen. Anna en James vonden het heerlijk. 's Avonds zwaaiden ze de laatste gasten uit die wegreden en daarna dronken ze thee om de loomheid van de witte wijn kwijt te raken. James had een ijzeren regel: om zeven uur moesten ze op terugreis zijn. Dit betekende een uur om af te wassen en op te ruimen en met hun kinderen in de auto te stappen – tijd genoeg.

Ze liepen om het huisje om de zak met educatief verantwoord speelgoed te vullen. Ze stopten hun twaalf borden, twaalf glazen, twaalf vorken en twaalf messen in het hete afwaswater. Het huisvuil werd in een zak gedaan, die zorgvuldig werd dichtgebonden en ook in de kofferbak verdween. Er waren in dit deel van het paradijs geen vuilnismannen, zeiden ze lachend tegen zichzelf. Cilian en Orla, die slaperig waren van de hele dag in de zon, werden in de auto gezet, de cassette van James Last lag klaar en ze begonnen aan de rit dwars door het land.

Een groot deel ervan besteedden ze aan het elkaar feliciteren met het huisje. Hoewel ze dat nooit zouden toegeven, zelfs niet tegenover elkaar, waren er momenten waarop ze dachten dat het een beetje te veel werd. Maar op een dag als vandaag, waarop ze de bewondering en jaloezie konden zien van de mensen die bij hun huisje in de zon zaten, was alles honderd keer de moeite waard. Ze vergaten de weekends dat ze bij aankomst gebarsten leidingen aantroffen, dat het dak lekte, dat de mieren bij duizenden over de keukenvloer liepen, dat muizen holletjes hadden gegraven in de bloembakken... Dat alles leek van ondergeschikt belang. Het geluid van de snaren van het orkest van James Last klonk op de achtergrond.

James zei: 'Weet je dat je vader een relatie heeft met Ruth O'-Donnell, de kunstenares?'

'Papa? Doe niet zo belachelijk.'

'Toch is het zo. Ik had het al eerder gehoord van iemand die ze nota bene in Londen is tegengekomen. Je zou toch denken dat je in Londen tussen tien miljoen mensen veilig was. Maar nee, overduidelijk gesignaleerd.'

Anna keek bijna automatisch over haar schouder om te zien of de kinderen sliepen. Als de ontrouw van hun grootvader besproken ging worden, dan hoefden deze kinderen dat niet te horen, dacht ze.

'Ik geloof er geen woord van.'

'Eerlijk, lieverd. Frances en Tim zaten er vanmiddag over te praten. Ze wilden het liever niet tegen jou zeggen.'

'Daarover zaten jullie dus te wauwelen. Ik dacht dat het over het werk ging.'

'Nee, ze vertelden me dat ze hem vaak uit het flatgebouw van Ruth zien komen, weet je.'

'Het nieuwe... ja... lieve help.'

'Ben je van streek? Ben je van streek nu ik het je heb verteld?'

'Ik geloof het niet. Niets voor papa. Ik bedoel dat hij misschien wel een oogje op haar heeft en bij haar langs gaat om iets te drinken. Maar geen affaire, niet met haar naar bed. Niets voor papa.'

'Hm.'

'Vind je niet dan?'

'Ik weet het niet. Ik vertel je alleen wat ik heb gehoord.'
'Denk jij dat het mogelijk is dat papa een echte affaire heeft?'
'Dat wordt gezegd.'
'Maar waarom zou ze? Ik bedoel, ze is jong en bekend, en ze heeft haar eigen leven... Ze had iedereen kunnen hebben of niemand als ze dat wilde. Wat zou ze in vredesnaam met papa willen?'
'Wie zal het zeggen? Mensen willen bijzondere mensen.'
'Ja.'
'Je bent geschokt. Ik had het je niet zo plompverloren moeten vertellen. Het is alleen... nou ja, ik liep ermee rond.'
'Ik ben niet geschokt. Ik weet niet waarom. Ik neem aan dat ik als jong meisje net als iedereen altijd bang was dat ze uit elkaar zouden gaan als ze ruzie hadden. Maar dat hebben ze niet gedaan. Dat deed niemand. Alles ging gewoon door. Zo ging dat in die tijd met huwelijken.'
'En in deze tijd?'
'Wat bedoel je?'
'Nou, ze zeggen dat jouw papa en juffrouw O'Donnell al twee tot drie jaar voortdurend in elkaars gezelschap zijn.'
'Dat geloof ik nooit!'
'Kennelijk is het zo.'
'Stel je voor met Kerstmis en het jaar ervoor en het jaar daarvoor... alle familiefeesten... en de hele tijd... Ik geloof er niets van.'
'Denk je dat grootmama het weet?'
'Ik weet zeker dat ze het niet weet. Arme mama. Vreemd, ik begrijp niet waarom ik niet in tranen ben en waarom ik niet denk dat dit het eind van de wereld is. Ik neem aan dat ik het gewoon niet heb geaccepteerd.'
'Ik weet niet waarom ik je dit heb verteld.' James keek bezorgd. 'Het maakt je alleen maar verdrietig, maar het leek een te belangrijk geheim om voor jou verborgen te houden... Wij hebben geen geheimen voor elkaar.'
'Nee.'
'En je bent zo praktisch. Ik dacht dat je op de hoogte zou willen zijn om er desnoods iets aan te doen.'

'Wat dan? Moet ik haar bang maken? Haar vragen om alsjeblieft mijn vader met rust te laten?'
'Nee, maar je kent haar zus Deirdre toch?
'Ja, Deirdre O'Donnell. Een studiegenootje.'
'Nou kijk eens aan.'
'Inderdaad. Ben jij geschokt?'
'Ik ben een beetje verbaasd, net zoals jij. Ik kan me mijn schoonvader niet in die rol voorstellen, maar ik denk dat ik vooral met die arme grootmama te doen heb. Ik dacht dat jij dat ook het meest zou voelen.'
'Nee. Mama overleeft het wel. Ze leeft trouwens zelden in de echte wereld. Ze maakt op mij heel vaak de indruk dat ze enigszins high is. Ik zou me niet verbazen als die dokter haar een groot deel van de tijd op valium zet. Daarom is hij zo'n succes bij die generatie. Hij schrijft het gewoon in grote hoeveelheden voor... en haalt daarmee de scherpe kantjes van het leven. Dat is zijn motto.'
'Nou, het lijkt erop dat je moeder haar voorraad nodig zal hebben.'
'Ja, maar waarom eigenlijk? Als het al jaren aan de gang is, dan zal er niets veranderen.'
'Ik neem aan van niet. Noteer de kilometerstand even. Ik ga hier tanken.'
Anna haalde het in leer gebonden boekje te voorschijn en schreef 11.878 onder kilometerstand, Tralee onder de plaats en hield vervolgens haar pen gereed tot ze in de twee resterende kolommen liters en prijs kon invullen.

'Ik ben niet van plan om een maand lang in en uit te lopen en kat en muis te spelen. Dat ben ik niet van plan,' zei Sheila op zondagavond. De eettafel lag vol met huiswerkschriften die ze zat na te kijken voor de volgende dag.
'Ik neem aan dat je er gewoon zou kunnen zijn, om te helpen als het nodig is, begrijp je,' zei Martin. Hij loste een kruiswoordpuzzel op terwijl Sheila het huiswerk corrigeerde.
'Daar gaat het niet om. Het is onvergeeflijk om betrokken te ra-

ken bij de ruzies en scènes en fiasco's van andere mensen. Ik zal het hem nooit vergeven dat hij me op die manier aansprak en me dwong om partij te kiezen en stelling te nemen. Mensen moeten je niet in hun ongeluk meeslepen. Dat hoort niet.' Ze keek hem kwaad aan en beet geërgerd op het uiteinde van haar pen. 'Nee, je moet niet zo tolerant en vergevingsgezind zijn, Martin. Het is een feit. We betrekken nooit mensen bij ons huwelijk. Of wel?'

'Nee,' zei Martin peinzend. 'Maar wij hebben dan ook het geluk dat we in ons huwelijk geen problemen hebben.'

'Nee,' zei Sheila scherp, terwijl ze haar aandacht weer op de huiswerkschriften richtte. Ze had lang geleden besloten dat ze niet van plan was om te klagen en alles te bederven door de martelares uit te hangen, als ze toch de kostwinner moest zijn. Het gevolg was dat Martin er geen idee van had hoe moe ze was en hoe beu ze het was om elke dag naar die school te gaan. Ze dacht even aan Carmel en werd overstelpt door een vlaag van ongeduld. Carmel kon opstaan op elk tijdstip van de dag en had niets dringenders te doen dan te besluiten welke kleren ze naar de Vincentiusvereniging zou sturen. De kinderen van Carmel waren getrouwd. Nou ja, Bernadette was zo goed als getrouwd. Ze kwamen niet thuis met een enorme trek in eten dat moest worden klaargemaakt en waarvoor inkopen gedaan moesten worden. Sheila probeerde de indruk te wekken dat zij in de keuken de scepter zwaaide, zodat de zonen van Martin niet zouden denken dat hij onmannelijk was. Ze zeiden nog steeds 'Bedankt, mam' wanneer ze hun schone kleren op hun slaapkamer vonden, hoewel hun vader die daar net zo vaak had neergelegd.

In zekere zin kon het alleen aan Carmel zelf liggen als ze zich miserabel en ellendig voelde over die hele zaak met Ruth O'Donnell. Carmel was een dame met te veel vrije tijd om na te denken over het weinige dat ze te doen had. Toen herinnerde Sheila zich met een schok dat alleen zij en Martin en Dermot zich ellendig voelden. Carmel was heel opgewekt geweest en druk in de weer om een diner te organiseren en haar kast op orde te brengen. Helemaal niet wat van deze onrechtvaardig behandelde vrouw verwacht mocht worden.

Ethel en David hadden zondagavond mensen om te bridgen. Ze hadden op zondagavond altijd wat ze noemden een avondklok en iedereen moest om half twaalf de laatste kaart gespeeld hebben.

Toen de auto was weggereden en ze de asbakken leegden, de ramen openzetten en de vuile glazen in de afwasmachine zetten, zei Ethel: 'Ik heb een afschuwelijk gevoel, alsof er iets vreselijks gaat gebeuren. Ken jij dat gevoel?'

'Elke dag als ik naar het werk ga en het is altijd terecht,' zei David.

'Doe niet zo banaal. Je doet je werk graag en waarom ook niet? Mensen maken veel ophef over je, de hele dag. Nee, ik heb een angstig voorgevoel en ik kan niet bedenken waardoor het wordt veroorzaakt.'

'Misschien voel je je ergens schuldig over,' zei David.

'Het is dat soort gevoel, dat zware gevoel in de borst, maar ik heb niets om me schuldig over te voelen.'

'Ik denk dat het de juffrouw van de bankdirecteur is. Eerlijk gezegd denk ik dat we daar allemaal zo'n ongemakkelijk gevoel hebben. Ik ben zelf ook wat gespannen.'

'Maar we wisten het al zo lang.'

'Ja, maar de arme, zielige vrouw moet er net achter zijn gekomen.'

Ethel stond peinzend naar een schaaltje pinda's te kijken. Ten slotte gooide ze de pinda's in een pedaalemmer. 'Ik zou ze anders wel opeten,' zei ze ter verklaring, 'maar je wordt er dikker van dan van gebak en taart. Ik neem aan dat we daar nerveus van worden. Het is zo krankzinnig. Zoiets regelrecht uit een gekkenhuis. Nodig de vrouw uit voor een diner en maak dan een scène.'

'Ze zal natuurlijk niet gaan,' zei David.

'Nee, maar het feit dat de arme Carmel haar wel heeft uitgenodigd is toch krankzinnig. Het is verbijsterend. Wie weet wat ze daarna gaat doen. In haar ondergoed over Grafton Street lopen?'

Het kostte Deirdre O'Donnell weinig moeite om de huismeester over te halen haar een sleutel van de flat van haar zus te geven. Ze zei dat Ruth wilde dat ze voor een aantal dingen zorgde.

Ze liep rond en genoot ervan dat ze zich alleen tussen de bezittingen van een ander bevond. Nu kon ze naar hartelust kijken en staren en nadenken. Alle andere bewoners van het flatgebouw hadden hun huiskamers zorgvuldig ingericht. Van buitenaf zag het eruit als een poppenhuis. Maar de huiskamer van Ruth was kaal en diende in feite als haar atelier en wat anderen als de grote slaapkamer beschouwden met kledingkasten en dikke vloerbedekking, gebruikte Ruth als haar tweede atelier en kantoor. De kleine slaapkamer was haar zit- en slaapkamer, met een bank die in een bed kon worden veranderd. In de keuken stonden de pannen glanzend op een rij.

Voor een kunstenares was haar zus heel ordelijk, dacht Deirdre. Ooit had ze gedacht dat Ruth altijd alleen zou blijven... Dat was voordat ze op de hoogte was van de regelmatige bezoeken van de vader van Anna Murray. VADER. Een bankdirecteur. Misschien moest ze naar hem toe gaan en om een lening vragen. Eigenlijk was dat helemaal geen slecht idee.

Op de deurmat lag een tiental enveloppen. In sommige ervan zaten duidelijk brochures of reclame. Daarna zag ze de brief in het nette, ronde handschrift. Ze haalde die er voorzichtig tussenuit. Hij zou misschien vol staan met vreselijk intieme zaken. Dingen waarvan Ruth niet zou willen dat zij ze las. Ze moest de envelop open stomen. Ze kon die dan later weer dichtplakken als het echt te erg was en Ruth kwaad zou kunnen worden.

Beste Ruth,
Ik weet niet of je mij nog kent, maar we zijn elkaar een paar keer tegengekomen met David en Ethel O'Connor en je kent ook mijn vriendin Sheila Healy die zegt dat je op haar school een prachtige lezing hebt gegeven. In elk geval zijn we grote bewonderaars van je en als zodanig zien we uit naar je tentoonstelling op 8 oktober.
Ik ga een poging doen om je ertoe te bewegen om op die avond bij ons te komen dineren. Daarom schrijf ik je zo lang van tevoren. Ik weet zeker dat je naarmate de tijd dichterbij

komt veel uitnodigingen zult krijgen, maar ik wil met mijn uitnodiging graag de eerste zijn. We zullen David en Ethel O'Connor te gast hebben en ook Sheila en Martin Healy. Je zult je dus te midden van vrienden en bekenden bevinden.

Laat me alsjeblieft gauw weten of je kunt komen. Ik ben een van die pietluttige vrouwen van middelbare leeftijd die in tegenstelling tot jou en je kennissen heel veel tijd nodig hebben om dingen georganiseerd te krijgen. Ik weet zeker dat jij met succes ongeveer drie levens kunt combineren, maar ik zal de tafel dagenlang voor jullie komst verplaatsen en nog eens verplaatsen en vervolgens zal ik net doen of alles vanzelf is gegaan.

Het zal ons allemaal heel veel plezier doen als je ja zegt en ik weet dat mijn man Dermot ontzettend blij zou zijn. Hij heeft drie van jouw schilderijen gekocht. Ik hoop dat de manier waarop we ze hebben opgehangen, jou aanstaat. We kijken uit naar je komst.

Met hartelijke groeten,
Carmel Murray

Zielig mens, dacht Deirdre, waarschijnlijk is er iets mis met haar klieren. Ze moet het weten van Ruthie. De helft van het land weet het. Ik denk niet dat de oude Dermot ergens bang voor hoeft te zijn, maar voor alle zekerheid kan ik maar beter bellen.

Omdat Deirdre O'Donnell eigenlijk heel zuinig was, zag ze geen reden waarom ze Ruth niet met haar eigen telefoon zou bellen. Tenslotte was het de romance van Ruth. Het was de vrouw van de kerel van Ruth die gek was geworden... Waarom zou ze Ruth niet voor het telefoontje laten betalen?

De boerin klopte op haar deur en zei dat er telefoon was uit Dublin.

'Uw zus zei dat u zich niet ongerust hoefde te maken. Ze zegt dat er niets aan de hand is.'

Ruth stond op. Ze had op bed, boven op de dekens, liggen lezen.

Het was op een of andere manier heel luxueus om dat te doen. Zoiets als 's middags naar de film gaan.

'Ruthie?'

'Wat is er?'

'Niets. Dat heb ik tegen de oude dame gezegd. Niets. Romeo heeft me gevraagd om contact met je op te nemen...'

'Ik heb je gezegd dat ik geen boodschappen wilde. Helemaal geen.'

'Dat heb ik hem gezegd. Hij zei dat zijn vrouw niet meer goed bij haar hoofd was en dat ze jou had geschreven.'

'O, nee.'

'Niks aan de hand. Ze heeft je niet de hoer van Babylon genoemd. Ze nodigt je in feite uit voor een diner 's avonds na de opening van jouw tentoonstelling.'

'Ze doet wát?'

'Moet ik je de brief voorlezen? "Beste Ruth, ik weet niet of je mij nog kent, maar..."'

'Stop. Stop. Is dit serieus?'

'Ja, maar er staat geen onvertogen woord in de brief. Hij is een en al bewondering.'

'En wat zegt Dermot?'

'Hij wil er met je over praten. Ik heb hem gezegd dat hij je met rust moest laten, maar hij zei...'

'En zei hij dat ze het wist?'

'Ruthie... Natuurlijk weet ze het. Wat dacht je dan? Ze moet het weten.'

'Dermot zei altijd dat ze het niet wist of dat ze het meteen uit haar hoofd zou zetten als het bij haar opkwam.'

'Je moet gek zijn. Denk je dat jullie onzichtbaar zijn of zoiets? Jullie gaan overal samen naartoe.'

'Maar als ze het weet, waarom nodigt ze me dan uit voor een diner?'

'Daar deed je minnaar nou zo opgewonden over.'

'Wat denkt hij?'

'Dat weet ik niet. Ik neem aan dat hij denkt dat ze een beetje doorgedraaid is, het arme, oude mens. Wil je dat ik de brief voorlees?'

'Ja, ik neem aan dat dat het beste is. Als ik Dermot erover moet bellen, dan kan ik beter weten wat ze schrijft.'

'Goed: "Ik weet niet je mij nog kent, maar..."'

'Hé, Deirdre. Dit telefoongesprek moet je een fortuin kosten.'

'Nee, het kost jou een fortuin... het loon van de zonde, weet je.'

'O, ga verder.'

Carmel plande haar week zorgvuldig. Het was leuk om zoveel te doen te hebben. Het deed haar denken aan de tijd toen ze jong was en elke dag zo vol leek dat er blijkbaar altijd wat te doen was. Ze zou het hoofdgerecht en ook het dessert moeten kiezen. Het zou twee ochtenden kosten om in de boekhandel recepten te lezen. Ze was van plan twee keer per week naar de schoonheidssalon te gaan. Dat was aan de noordkant van de stad waar ze niet bekend was. Ze zou de bus nemen. Ze was van plan twee ochtenden op pad te gaan voor schoenen. De jurk had ze al: de mooie, zwarte jurk die ze had gekocht toen Anna vijf jaar geleden eenentwintig werd. Ze had die 's avonds gedragen... de eerste keer... de eerste keer dat ze het had ontdekt van Dermot en dat andere meisje... de keer dat ze zo overstuur was geraakt. Ze had hem nooit meer aangehad. Maar deze keer zou ze die jurk dragen en er zou fantastisch uitzien. Ze zou veel slanker zijn... Ze zou deze maand twaalf pond afvallen. Haar kapsel zou veel aantrekkelijker zijn... Ze zou een week voor het diner voor een coupe soleil naar die man in Grafton Street gaan die het haar van Ethel had gedaan. Ze had hem gebeld en gevraagd wat de beste tijd zou zijn. Ze had zelfs tegen hem gezegd dat ze van middelbare leeftijd was, geen jong meisje. 'Ik coiffeer graag wat volwassener dames,' had hij gezegd.

Coifferen. Het had vaag suggestief geklonken.

En er waren zoveel andere dingen te doen. De ramenwassers. Die firma die de vloerbedekking thuis kwam shampooën. En aantekeningen maken in haar notitieboek.

Ze had alles opgeschreven wat ze had horen zeggen over succesvol mensen ontvangen, zoals wat Ethel had gezegd over garnalencocktails en rosbief.

Ze herinnerde zich dat Anna ooit iets had gezegd over een huis waar ze was geweest. 'Ze hadden verse bloemen op het toilet, mam, op het toilet!' Dat was opgetekend in het notitieboek. Ze had een interview gelezen met een beroemde gastvrouw die had gezegd dat het hele geheim van een succesvol diner school in het ter beschikking hebben van voldoende glaswerk en dikke damasten servetten op tafel. Het werd opgetekend naast het advies over heel veel peper-en-zoutstelletjes en schaaltjes met boter zodat die niet steeds van het ene uiteinde van de tafel naar het andere doorgegeven hoefden te worden.

Vrolijker dan ze lange tijd was geweest en gewapend met een lijst met de betere kookboeken ging ze op weg naar Donnybrook. Bij de voordeur kwam ze Anna tegen.

'O lieverd! Waarom heb je me niet laten weten dat je kwam, lieverd? Ik ga net weg,' zei ze spijtig, maar ze trok de deur stevig achter zich dicht.

'Hé, dat is een groots welkom,' zei Anna verrast. 'Ik kom met je enige twee kleinkinderen op bezoek en wat krijgen ze te zien... de deur.'

'Hallo, Cilian... Hallo, Orla...' Carmel zwaaide naar hen door het autoraampje.

Cilian worstelde met zijn stoeltje. 'Oma, oma,' riep hij.

'Ach kijk, hij wil naar je toe komen,' zei Anna.

'Wat jammer, lieve Cilian. Oma moet weg. Hallo, Orla, geef maar een kushandje.'

'Je kunt ons gewoon binnenvragen voor een kopje koffie.' De stem van Anna klonk geërgerd. 'We zijn helemaal vanuit Sandycove hiernaartoe gereden om jou op te zoeken.'

'O, wat jammer.' Carmel was onderweg naar de poort.

'Maar waar ga je naartoe, mam?'

'Ik ga uit, lieverd. Ik heb dingen te doen. Zijn jullie vanmiddag nog in de stad? Breng ze dan mee. We kunnen samen thee drinken. Zou dat uitkomen?'

'Jawel, maar mam, ik wilde met je praten...'
'Geweldig. Doen we vanmiddag.'
Ze was weg. Doelbewust liep ze naar de hoofdweg en vervolgens begon ze aan de stevige wandeling naar de winkels.
Anna keek haar verbijsterd na. Normaal was haar moeder bijna zielig dankbaar voor een bezoek; dan maakte ze zich druk en rende als een opgeschoten jonge hond rond. Nu stapte ze zonder verklaring weg. Ze keek haar na en alsof haar moeder haar ogen voelde, draaide ze zich om en zwaaide voordat ze om de hoek verdween. Het was grappig om te zien hoe mensen veel jonger leken als ze vlug liepen. Ze zag er helemaal niet slecht uit in haar marineblauwe jasje en haar geruite rok. Niet als vijftig of eenenvijftig of wat ze ook was. Soms wanneer ze in haar stoel zat en naar de tuin buiten keek, zag ze eruit als zeventig. Arme mam, was het niet vreselijk van papa dat hij aanrommelde met een jonge meid? Van Ruth O'Donnell was het ook vreselijk... maar James vergiste zich, het kon geen seks zijn... het was alleen de sensatie, de ongeoorloofde opwinding. Papa in bed met een meisje? Het was jaren geleden al moeilijk genoeg geweest om je vader met je moeder in bed voor te stellen, maar nu... tegenwoordig... papa was zo oud dat hij er toch geen belangstelling meer voor zou hebben? En veronderstel dat hij wel belangstelling had, wie zou dan zo gek zijn om met hem naar bed te gaan?
Anna haalde haar schouders op en stapte weer in de auto.
'Overbodige reis,' zei ze tegen de kinderen, die gelijktijdig teleurgesteld begonnen te krijsen.

'Privé-telefoontje, meneer Murray, wilt u hier opnemen of...?'
'Het is goed. Verbind maar door...'
Uit de manier waarop ze het zei, wist hij dat het Ruth was. Ze kon dan op een bijna wellustige manier 'privé-telefoontje' zeggen.
'Dermot, kan ik vrijuit praten?'
'Ga je gang.'
'Met andere woorden: jij niet.'
'Nog niet.'
'Ik kreeg telefoon van Deirdre.'

'Ze heeft je de situatie dus uiteengezet...'

'Ze heeft me de brief voorgelezen. Zo te horen weet ze nergens van.'

'Dat heb ik toch ook altijd gezegd...'

De secretaresse van Dermot had het gevoel dat ze hem genoeg gekweld had. 'Neem me niet kwalijk,' mompelde ze en verliet het vertrek.

'Wat moet ik doen...?'

'Luister, liefste, wanneer kom je terug?'

'Over tien dagen. Twee weken...'

'Ik hou van je.'

'Je bent nu waarschijnlijk alleen...'

'Nee, ik zit in de directiekamer en alle directieleden stemmen ermee in. Ze houden ook van je.'

Ze giechelde. 'Dermot, wat moet ik doen? Zal ik schrijven en zeggen dat ik het heel erg druk heb?'

'Het betekent heel veel voor haar. Het betekent enorm veel. Ze is zo levendig en blij sinds ze aan het diner is gaan denken. Daar heb je geen idee van. Het maakt een einde aan die doodsheid. Als ik haar zo zie, dan kan ik me voorstellen dat ze haar eigen leven leidt, een normaal eigen leven...'

'Wat wil je dan?'

'Zou je de uitnodiging kunnen aanvaarden?'

'Zeggen dat ik graag zal komen en me dan op het laatste moment terugtrekken?'

Dermot wachtte even. 'Ja... en, nou ja, misschien zou je uiteindelijk toch kunnen komen, naar het diner bedoel ik. Zou dat kunnen?'

'Wát?'

'Voor jou – voor ons – zou het niet al te veel betekenen. Wij hebben zoveel en jij bent een briljante, jonge vrouw met een heel leven voor je en al...'

'Je kunt niet serieus van me verwachten dat ik als gast bij jullie thuis kom en ga zeggen wat lekker, wat heerlijk en je moet me het recept geven van die gekookte kool.'

'Ruth, alsjeblieft.'

'Nee, geen alsjeblieft. Je bent gek. Dat ben je. Ik zou het met geen mogelijkheid kunnen doen. Ik zou er niet over denken om dat een andere vrouw aan te doen, triomfantelijk naar binnen gaan en aan een diner aanzitten met heel veel mensen die van het geheim op de hoogte zijn. Het is afschuwelijk!'

'Je begrijpt het niet...'

'Wat ik wel begrijp, staat me helemaal niet aan. Waarom doe je eraan mee?'

Ze klonk ontdaan.

'We kunnen er over de telefoon niet over praten. Laat me naar je toe komen.'

'Néé. Ik wilde alleen zijn. Jij hebt dit opgezet als een truc... geef maar toe.'

'Ik verzeker je dat ik dat niet heb gedaan. Ik verzeker je dat ik er pas vrijdag van heb gehoord. Ik had er misschien nooit over gehoord als ik in de club David niet was tegengekomen. Ik denk niet dat ze van plan was om het me te vertellen.'

'Je bedoelt dat je dan bij thuiskomst iedereen zou aantreffen?'

'Ik weet het niet. Ik weet het echt niet.'

'Maar ze moet hebben geweten dat ik het je verteld zou hebben... Ze moet hebben geweten dat...'

'Ze weet niets over jou en mij! Dat blijf ik je zeggen!'

'Deirdre zegt dat dat onzin is... Half Dublin weet het.'

'Deirdre weet helemaal niets. Carmel spreekt half Dublin trouwens nooit.'

'Ik wist wel dat je me deze tijd niet gunde. Ik wist dat je iets zou doen om het voor mij te vergallen.'

'Dat is niet eerlijk. Ik weet niet eens waar je bent. Ik praat pas weer met je als je terug bent. Ik wilde alleen dat je wist wat er aan de hand was. Als ik het niet had verteld, had je misschien gezegd dat ik achterbaks was. Nou?'

Haar stem klonk zachter. 'Dat is waar.'

'Zou je één ding voor me willen doen? Eén ding maar. Schrijf een briefje en zeg dat je het land uit bent, maar dat de brief werd doorgestuurd en dat je graag komt. Kun je dat niet doen?'

'Nee, Dermot, ik ben geen marionet. Ik laat me niet dwingen tot dat soort afschuwelijke, gemene en onmenselijke dingen. Dat doe ik niet.'

'Zeg gewoon dat je zult komen. Accepteer de uitnodiging. Mensen accepteren altijd dingen waar ze uiteindelijk niet naartoe gaan. Accepteer en na je terugkomst kunnen jij en ik het erover hebben en dan kun je doen wat je het liefste wilt...'

'En jij zult me er dan niet toe brengen om te doen wat ik niet wil?'

'Nee, mijn lieve Ruth, dat zal ik niet doen.'

'En als ik dat hypocriete briefje schrijf, denk je dan echt dat alles goed komt...?'

'Dat denk ik wel.'

'Voor ons allemaal, voor haar en voor mij, en ook voor jou?'

Hij pauzeerde. 'Ja. Dat denk ik echt. Voor haar, omdat ze haar diner verder kan voorbereiden en dat maakt haar weer gezond, bezig en actief en dat willen we graag. We willen dat ze een eigen leven leidt.'

'En hoe zal het mij helpen als ik de uitnodiging accepteer?'

'Je kunt ophouden met je zorgen te maken. Zodra je een bevestiging hebt geschreven, is er een beslissing genomen. Je kunt die op elk moment ongedaan maken, maar je hoeft er niet over te piekeren.'

'En hoe zal het jou helpen?'

'Ik kan haar ergens mee bezig zien en dat is heel wat positiever dan haar uit het raam zien zitten staren, terwijl ze zich afvraagt wat de toekomst in petto heeft.'

'Wat heeft de toekomst in petto?'

'Dat jij spoedig bij mij thuis komt. Jouw tentoonstelling en dat betekent...'

'Ik zou willen dat ik niet van je hield.'

'Ik ben blij dat je dat wel doet.'

'Een belachelijke, getrouwde bankdirecteur, die honderden jaren ouder is dan ik, die niets van schilderen weet...'

'Ik weet het. Ik weet het.' Hij klonk sussend. Hij was nu tevreden.

Zodra Ruth op de toer ging hoe weinig hij bij haar paste, voelde hij zich veilig.

'Ik moet wel helemaal stapel zijn.'
'Zeker. Dat ben je. Helemaal,' zei hij.
'Ik zal de brief schrijven, maar ik ga niet.'
'Goed zo,' zei hij.'

> Beste mevrouw Murray,
> Wat een leuke verrassing om uw brief te krijgen.
> Ik had nooit gedacht dat u zich onze ontmoeting nog zou herinneren. Het is heel aardig van om zulke vleiende dingen over mijn werk te zeggen en ik ben heel dankbaar voor uw uitnodiging om op de avond van de opening bij u te komen dineren.
> Ik schrijf dit briefje vanuit Wales waar ik een rustige vakantie doorbreng. (Mijn post wordt doorgestuurd. Zo heb ik uw brief ontvangen.) Ik accepteer uw uitnodiging echt heel graag. Ik zie uit naar de hernieuwde vriendschap met u, uw man en uw andere vrienden en kennissen.
> Met vriendelijke groet,
Ruth O'Donnell

Carmel hield de brief stevig in haar hand nadat ze die had gelezen. Opluchting was af te lezen van haar gezicht. Ze was er bijna zeker van geweest dat Ruth O'Donnell haar uitnodiging zou aannemen, maar op de achtergrond was er toch de lichte angst geweest dat ze het hele plan in duigen kon laten vallen. Nu ging alles goed. Alles stond op de rails.

Die avond zei Dermot tegen haar dat ze er heel goed en heel gezond uitzag. Carmel glimlachte tevreden. 'Ik heb de laatste tijd veel gewandeld. Ik heb ontdekt dat het me goeddoet.' Het was waar. Ze wandelde en het gaf haar het gevoel dat het haar goeddeed. Maar ze vertelde hem niet over de schoonheidsbehandeling. De tweede deze week. De schoonheidsspecialiste had haar een verjongend masker gegeven. En ze vertelde hem niet dat ze nu had besloten het te houden op kalfsvlees met marsala als hoofdgerecht en in wijn gestoofde peren als dessert.

Ze vertelde hem niet dat ze die dag een brief van Ruth O'Donnell had gekregen.

Bernadette en Anna lunchten samen. Anna nam een salade en koffie. Bernadette had een enorm stuk stokbrood met kaas en dronk een pint Guinness.

'Het enige voordeel van een lunch in een café is dat je er een pint bij kunt krijgen,' zei ze.

Anna slikte haar afkeuring in. Ze waren bij elkaar gekomen om te bepraten wat ze eventueel met hun vader en moeder aanmoesten. Het had geen zin om te beginnen met kritiek op elkaar.

'Weet je het zeker? Is het niet gewoon geroddel?'

'Nee, heel veel mensen weten ervan. Kennelijk zijn wij de laatsten die het te weten zijn gekomen.'

'Dat spreekt vanzelf,' zei Bernadette logisch, 'want mensen gaan niet in gezelschap de pekelzonden van onze vader bespreken waar wij bij zitten.'

'Moeten we iets zeggen?'

'Wat kunnen we zeggen? Bedoel je dat we papa moeten vragen of het waar is?'

Anna dacht na. 'Ja, dat zouden we kunnen doen, denk ik, en dan zeggen dat we het vreselijk vinden en dat er een eind aan moet komen.'

Bernadette barstte in lachen uit. 'Anna, je bent geweldig. Net een douairière. "Papa, ik vind dit heel erg. Er moet een eind aan komen. Terug naar mama. Vlug. Vlug. Zoals je was."' Ze schommelde geamuseerd bij de gedachte eraan.

Anna schommelde helemaal niet. 'Waarom is dat grappig? Wat stel jij dan voor?'

'Neem me niet kwalijk, ik had niet moeten lachen. Wat ik voorstel? Ik weet het niet. Ik neem aan dat we hem kunnen vragen of hij van plan is er met Ruth vandoor te gaan en mam in de steek te laten, omdat we feitelijk geen recht hebben om meer te weten. Ik bedoel dat ze in zal storten als hij dat doet...'

'Ja,' reageerde Anna instemmend. 'Daar gaat het om. Hij moet inzien dat hij haar dat niet kan aandoen.'

'Misschien wil hij het gaan doen, maar hij moet beseffen wat er dan gaat gebeuren en ik neem aan dat hij moet weten in hoeverre hij op jou en op mij kan vertrouwen... om de brokstukken op te ruimen.'

'Nou, hij kan niet verwachten dat wij...'

'Waarschijnlijk verwacht hij helemaal niets... Ik vind alleen dat hij moeten weten hoe de vlag erbij hangt. Dat is alles...'

De beslistheid van haar jongere zus verraste Anna. Ze had Bernadette altijd een beetje traag gevonden, maar ze toonde zich vandaag heel kordaat.

'Frank en ik denken erover om na nieuwjaar naar Australië te gaan...'

'Naar Australië? Net als oom Charlie? Hij heeft er geen fortuin gemaakt.'

'Daar gaat het niet om. Er is daar een coöperatie voor kunstnijverheidsproducten waar wij belangstelling voor hebben. Het is nog niet definitief, maar ik wil niet dat mama een van de redenen is waarom we zouden moeten blijven... Ik bedoel, ik zal elke week naar huis schrijven en zo... Maar ik wil niet gaan als ik niet weet of ze in een psychiatrische kliniek terecht zal komen of dat ze het goed maakt...'

'Ja... ja.' Anna voelde zich in de steek gelaten.

'En jij trekt heus niet bij haar in om voor haar te zorgen, Anna. Jij hebt je eigen leven... Dit moet papa te horen krijgen... zodat hij alle opties kent.'

'Ja. Maar is dat niet wat hard? Wat rigoureus? Nemen we niet te veel als vaststaand aan?'

'Ja, daar gaat het om... Jij zei dat we bij elkaar moesten komen om te bespreken wat ons te doen stond. Maar het enige wat we kunnen doen is hem laten weten in hoeverre hij op ons kan rekenen zodat daar geen misverstand over bestaat.'

'Nou, ik weet het niet. Misschien moeten we niets zeggen...

Mam is waarschijnlijk beter in staat om voor zichzelf te zorgen dan wij beseffen...'
'En je zei dat ze op dit moment eigenlijk heel levendig lijkt.'
'Ja, en ze ziet er beter uit. Haar huid lijkt wat minder vaal... En ze is wat gewicht kwijt, denk ik.'
'Ze maakt altijd een vrolijke indruk als ik langsga of bel.'
'Ja... en wanneer je dan bedenkt hoe vreselijk het was in de tijd dat ze last had van haar zenuwen.'
'O, jaren geleden, toen ik nog studeerde?'
'Ja, het was vreselijk. Ze liep bij die psychiater en huilde de hele tijd...'
'Wat hebben ze met haar gedaan? Hoe hebben ze haar genezen?'
'O, Bernadette, je kent psychiaters. Ze doen niets en ze genezen niemand... Ze luisteren alleen maar en zeggen ja, ja... tenminste als het waar is wat ik hoor.'
'Waarom blijven mensen dan naar ze toe gaan?'
'Wie zal het zeggen. Ik neem aan dat de wereld te weinig mensen heeft die willen luisteren en ja, ja zeggen...'
'Maar ze is beter geworden. Ze huilde niet meer zoveel en zo...'
'Ik heb je gezegd dat al dat ja, ja zeggen werkt.'
'En wij zeggen voor het moment niets...'
'Ik denk het niet. Vind je ook niet?'

Joe kwam een week voor het diner. Hij belde op een ochtend op en zei dat hij in de stad was.
'Heb ik je genoeg geld gestuurd?' vroeg Carmel bezorgd.
'Lieve Carmel, je hebt me te veel geld gestuurd. Hoe gaat het met je? Kan ik je komen opzoeken?'
'Nee, ik zal naar jou toe komen. Ik wil niet dat je hier komt voor de avond...'
'Waar zullen we naartoe gaan?'
'Even denken... Ik zal naar het hotel komen... We kunnen wel thee of koffie bestellen bij de roomservice.'
'Ja, maar het hotel kost wel een fortuin... Ik vraag me af of je niet

te veel geld aan dit alles besteedt, Carmel. Er was misschien een andere mogelijkheid geweest...'

'Ik heb het geld... Ik heb altijd geld gehad. Dat was nooit een probleem... Ik ben je zo dankbaar dat je bent gekomen, Joe. Ik zal je nooit kunnen bedanken. Ik wilde maar dat je vriend mee was gekomen.'

'Nee, een opdracht is een opdracht. Henry begrijpt het best... Als hij mee was gekomen, zou het de toestand hebben gecompliceerd. Hij vindt je stapelgek, maar wenst je veel succes.'

Ze lachte blij. 'Mooi, hij staat aan onze kant. Ik zal vanmiddag naar het hotel komen. Welke kamer heb je? Ik loop gewoon naar binnen en neem de lift...'

'O, mevrouw M., het lijkt wel of u gewend bent aan dit pikante leven,' antwoordde Joe lachend. Hij was blij dat Carmel zo vrolijk was. Hij was bang geweest een heel sombere Carmel te treffen. Een onder een doem gebukt gaande lady Macbeth. Maar ze maakte een veel opgewektere indruk. Hij ging weer op zijn bed zitten en stak een sigaret op. Dit was echt een heel bijzondere opdracht.

'Wat aardig van je om te bellen, Ethel. Nee, het gaat prima met me... En met jou? Mooi. En met David? Prachtig. O, wat jammer. Nee, ik sta eigenlijk net op het punt om uit te gaan. Ja, dat is een lange tijd geleden, hè? Maar het maakt niet uit, we zien je toch volgende week? De achtste. Nee, dat hoeft niet. Bedankt. Nee. Nee. Alles is onder controle. Maar heel aardig van je om eraan te denken, Ethel... Wat? O, ja, iedereen komt... Maar het is maar een kleine groep, vergeleken met de diners waar jij naartoe gaat. Ja, die aardige Ruth O'Donnell... Ik heb zo'n lieve brief van haar gekregen. Ze zat in Wales. Ze verheugt zich erop om jullie allemaal te zien, schreef ze. Was er nog iets, Ethel? Ik heb een beetje haast. Goed, dan zie ik jullie allebei. Groeten aan David. Dag.'

'Ja, tante Sheila, ik ben alleen. Ik heb heel veel tijd om te praten. Ze lijkt me geweldig in vorm en heel levendig. En ze ziet er goed uit. Ik vind dat ze er beter uitziet dan ze in tijden heeft gedaan... Goed.

Ja, ik dacht niet dat ik me iets inbeeldde. Nee, natuurlijk vind ik het niet erg als u vrijuit praat. Ik weet toch dat u haar beste vriendin bent. Zeker. Nee, eerlijk tante Sheila, ik vertel u de waarheid. Mij is de laatste tijd niets vreemds opgevallen bij mama... Ze is heel goed in vorm... Ja, nou, ze heeft ook voor mij niet erg veel tijd. Nee, ik weet eigenlijk niet zeker wat ze aan het doen is, maar allerlei kleinigheden blijven haar kennelijk bezighouden. Wat mij betreft mag ze vrolijk en mysterieus doen, want ik vind haar veel beter dan in de tijd dat ze overstuur was en last had van haar zenuwen. Weet u nog hoe ze de hele dag stil voor zich uit zat te staren en we het allemaal vreselijk vonden om met haar te praten... Ze had voor niemand belangstelling.'

Anna zei tegen James: 'Je kent die vriendin van mijn moeder toch nog wel, die we tante Sheila noemen en die weer les is gaan geven? Ze was aan de telefoon en klaagde dat ze het gedrag van mam vreemd vindt. Hoe vreemd, vraag ik, maar dat kan ze niet uitleggen. Kennelijk is mama te vrolijk. Stel je voor!'
'Arme grootmama,' zei James. 'Ze mag niet somber zijn en ze mag niet vrolijk zijn. Het is ook nooit goed.'

'Je ziet er te gek uit... Je bent geen oud mens... Je bent geweldig.' Joe was vol bewondering.
'Ik heb les gehad in make-up... Je weet wel, wat vrouwenbladen adviseren om te doen als je man ontrouw is. "Is je make-up ouderwets," vragen ze en dan raden ze je aan om nieuwe oogschaduw uit te proberen...'
Ze lachten allebei. Ze keek hem aandachtig aan en knikte goedkeurend.
'Je ziet er goed uit, Joe. Echt goed. Ik ben anders. Ik ben gewoon een beetje opgeschilderd. Daarom zie ik er goed uit, maar jij bent echt geweldig... Je ziet eruit als een jongeman.'
'Een oude jongeman,' lachte Joe. 'Een heel oude jongeman... Ik word vijfenveertig. Dat is tegenwoordig geen jongeman meer!'
'Je ziet eruit alsof je in de dertig bent, echt fantastisch...'

Joe was blij met haar oprechte bewondering. 'Weet je wat ik voor ons heb gedaan? Ik ben naar die supermarkt in Baggot Street gegaan... Alles is daar veranderd... en ik heb een fles champagne voor ons gekocht. Ik heb besloten dat als we dit dwaze feest houden, we het in stijl gaan vieren.'

'Vind je dat we moeten wachten tot het voorbij is?' Carmel wilde nog niets vieren.

'O, nee. Als we zeggen dat we het doen, dan gebeurt het.' Hij opende vaardig de fles en schonk de drank in wastafelbekers. 'Natuurlijk vind ik nog steeds dat je krankzinnig bent.'

'Waarom? Om te krijgen wat ik wil? Om te proberen te krijgen wat ik wil?'

'Nee.' Hij hief zijn glas. 'Op je gezondheid en veel geluk. Nee, dat is niet krankzinnig. Om het te willen is krankzinnig.'

'Op je gezondheid,' zei ze, terwijl ze haar glas hief. 'Negentig calorieën per twaalf centiliter... Hoeveel gaan er in dit glas?'

'Ik denk dat we kunnen zeggen dat het honderdtachtig calorieën is.'

Ze lachten zoals vroeger.

'We hebben sinds je terugkomst niets anders gedaan dan ruzie maken. Dat is het laatste wat ik wil.'

'We hebben geen ruzie gemaakt,' zei Ruth vermoeid. 'Ik blijf een vraag stellen die jij beantwoordt met een tegenvraag. Ik blijf vragen waarom ik mee moet naar dat diner en jij blijft vragen waarom niet. Het is niet zozeer een ruzie. Het is een doodlopende straat.'

Dermot zuchtte. 'Ik blijf je zeggen dat we tijd winnen. Dat is alles. Gemoedsrust en kansen... al die dingen die we willen, kunnen we krijgen als je die avond alleen maar naar het huis komt en je aardig en gewoon gedraagt en iedereen laat zeggen hoe geweldig je bent. Ik weet het, ik weet dat jij het liever niet doet, maar volgens mij kan het niet al te moeilijk zijn.'

Ze stond op en liep door haar keuken. 'En ik vind het verbazingwekkend dat jij niet begrijpt hoe moeilijk het voor mij is. Naar haar toe gaan en met haar praten en zitten glimlachen... en alles eten waarvoor zij zich heeft uitgesloofd, bij jullie naar de wc gaan en mijn jas achterlaten op jullie bed, jullie echtelijke bed... echt, Dermot...'

'Zoals ik je indertijd al heb verteld, het zijn eenpersoonsbedden. Dat heb ik je wel twintig keer verteld... Dit keer kun je het zelf zien.'

'Het lijkt wel alsof jij je een groot man wilt voelen, met ons allebei daar...'

'Ruth, als je eens wist hoe ongelijk je hebt... Ik voel me zenuwachtig en ongemakkelijk... en ik voel me een bedrieger en een oplichter. Denk je dat ik dat allemaal op mezelf wil betrekken?'

'Alsjeblieft, Dermot...'

'Alsjeblieft, Ruth, alsjeblieft... ik heb je zoiets nog nooit gevraagd en ik beloof je dat ik nooit meer zoiets zal vragen.'

'Voor zover ik weet, zou het een wekelijks terugkerend fenomeen kunnen worden. Misschien word ik uitgenodigd om bij jullie in te trekken... en een derde bed in de kamer te zetten.'

'Doe niet zo banaal.'

'Is het niet erg genoeg om haar te bedriegen zonder het onder haar neus te wrijven?'

'Ruth, ik hou van je. Dat weet je toch?'

'Ik denk dat het zo is, maar het lijkt op geloven in God. Soms is het heel moeilijk om me te herinneren waarom je ooit...'

'Heb je geen even aantal, mam? Ik dacht dat je me een keer hebt gevraagd hoe je een tafelschikking met acht personen kon maken.'

Het was de dag voor het diner. Anna was binnen komen lopen om te zien hoe het met haar moeder was. Bernadette had gelijk. Ze had er nooit beter of knapper uitgezien en met meer kleur op haar wangen. Of was dat rouge? En wat een modieuze schoenen! Ze zei dat ze die voor morgen had gekocht en ze nu aan het inlopen was. Ze waren schitterend, kostten twee keer zoveel als Anna voor een paar schoenen zou hebben betaald en tien keer wat ze dacht dat haar moeder betaald zou hebben.

'Nee, maar zeven... Ik geloof dat ik er niet aan heb gedacht om een extra man uit te nodigen, maar mensen zeggen dat het tegenwoordig heel ouderwets is om het aantal aan te vullen. Ethel zegt dat er veel diners zijn bedorven door mensen die moeite deden om het aantal mannen en vrouwen gelijk te maken...'

'O, ja... Daar ben ik het helemaal mee eens. Het zijn meestal echt vervelende mannen die erbij worden gesleept. Er zijn meer echt vervelende mannen dan vrouwen, vind ik altijd...'

'Dat vind ik ook, maar misschien zijn we bevooroordeeld!'

Ze lachte en Anna lachte ook. Haar moeder maakte het goed, dus waar ging dan al die drukte over? Om haar moeder te laten denken dat ze belang stelde in dat fameuze diner, vroeg ze opgewekt: 'Wie komen er dan, mam. Tante Sheila en oom Martin, neem ik aan...'

'Ja, en Ethel en David... en Ruth O'Donnell, die aardige, jonge kunstenares.'

Anna liet haar handtas vallen. 'Wie...'

'O, je moet haar kennen. Het schilderij in de gang en dit. En het schilderij bij de trap. Ruth O'Donnell... Haar tentoonstelling wordt morgen geopend. Daar gaan we allemaal heen en vervolgens komen we hier terug voor het diner.'

Bernadette was niet thuis, maar Anna vertelde de hele zaak aan Frank en dronk een glas kruidenwijn om bij te komen.

'Zitten er kruiden in?' vroeg ze wantrouwig.

'Nee, die zijn helemaal opgelost. Iets anders hebben we niet,' zei Frank onvriendelijk.

Anna vertelde het hele verhaal, afgewisseld met opmerkingen dat haar hart bijna stil was blijven staan en dat ze niet had geweten wat ze moest zeggen of denken of doen. Frank luisterde zonder iets te zeggen.

'Is het geen onmens,' zei Anna ten slotte.

'Jouw moeder?' vroeg Frank verbaasd.

'Nee, die vrouw. Ruth O'Donnell. Is ze geen arrogant en zelfgenoegzaam onmens? Is het niet genoeg om haar eigen tentoonstelling te hebben waar kennelijk het halve land naartoe wil komen? Is het niet genoeg dat die arme papa als een schoothondje achter haar aan loopt? Zij moet ervoor hebben gezorgd dat hij mama overhaalde om haar uit te nodigen voor een diner om haar in het openbaar te vernederen in het bijzijn van al haar vrienden en kennissen.'

Frank leek niet onder de indruk.

'Nou, is het niet vreselijk?' snauwde ze.

Hij haalde zijn schouders op. 'Voor mij zijn er twee manieren om dit te bekijken en beide zijn vanuit het oogpunt van je moeder. Ofwel ze is op de hoogte en in dat geval weet ze wat ze doet. Ofwel ze is niet op de hoogte en in dat geval zal niemand haar tijdens de soep op de hoogte brengen. In beide gevallen zit zíj goed.'

Anna hield niet van de manier waarop Frank het woord zij benadrukte. Als hij bedoelde dat het met haar moeder goed zat, bij wie was dat dan niet het geval? Kon het Anna zijn, die fel en scherp en opgewonden was? Ze dronk haar kruidenwijn op en vertrok.

'Hou je er in vredesnaam buiten,' zei James. 'Ga niet al die angstige oude vrouwen opbellen. Laat het zijn beloop krijgen. Je hoort het gauw genoeg als er iets rampzaligs gebeurt.'

'Maar het zijn mijn eigen vader en moeder, James. Het gaat niet om buren. Je moet bezorgd zijn voor je eigen vader en moeder.'

'Je eigen dochter en zoon zitten in de keuken en roepen je volgens mij,' zei hij.

Ze stoof de kamer uit. James kwam achter haar aan en gaf haar een kus. Ze glimlachte en voelde zich beter. 'Dat is een natte,' zei Cilian en ze lachten allemaal.

De RTE belde en vroeg of Ruth wilde optreden in het programma *Day by Day*. Ze zei dat ze zou terugbellen.

'Moet ik dat doen?' vroeg ze aan Dermot.

'Beslist,' zei hij. 'Absoluut. Meteen.'

Goddank, dacht hij, dan denkt ze tenminste niet meer aan Carmel en het diner. Morgen om deze tijd was het allemaal voorbij, zei hij tegen zichzelf. Morgen om deze tijd zou hij de inventaris van zijn leven kunnen opmaken. Hij had alle informatie die er te krijgen was over de mogelijkheden van een vervroegde pensionering... of hij kon overplaatsing aanvragen.

Ruth had vaak gezegd dat ze buiten Dublin wilde wonen, maar in een klein dorp zou het natuurlijk niet geaccepteerd worden dat... hoe dan ook, het had geen zin om daar nu aan te denken. Het belangrijkste was dat Carmel heel goed in staat was om haar eigen leven te leiden. Misschien kon ze zelfs wel een baan krijgen zoals haar vriendin Sheila. Dat was iets wat geopperd kon worden. Niet door hem natuurlijk. Als ze toch eens wist hoe graag hij wilde dat ze gelukkig was. Hij wilde haar niet kwetsen of verraden. Hij wilde alleen dat ze haar eigen leven leidde.

'Uw vrouw is aan de lijn, meneer Murray.'

Hij sprong letterlijk op. 'Wat? Wat?'

'Zal ik doorverbinden?'

'Natuurlijk...'

Carmel belde hem nooit op de bank. Wat kon er gebeurd zijn?

'Hallo, Dermot. Het spijt me vreselijk dat ik je stoor. Zat je midden in iemands bankrekening?'

'Nee, natuurlijk niet. Wat is er, Carmel?'

'Ken je Joe Daly nog?'

'Wat? Wie?'

'Ik vroeg of je Joe Daly nog kent. Hij schreef hier voor de krant. Daarna is hij naar Londen gegaan... Herinner je je hem nog?'

'Vaag. Waarom?'

'Ik liep hem vandaag heel toevallig tegen het lijf, hij heeft Ruth O'Donnell wel eens geïnterviewd. Blijkbaar kent hij haar heel goed... Ik denk er dus over om hem vanavond uit te nodigen. Is dat geen goed idee?'

'Joe wie?'

'Daly, weet je nog wel. Een schuchter mannetje... We kenden hem jaren voordat we trouwden.'

'O, hij is van onze leeftijd... best hoor, je doet maar. Als jij hem aardig vindt, moet je het doen. Wat jij graag wilt, lieve Carmel. Past hij in het gezelschap?'

'Ja, dat denk ik wel, maar ik wilde het niet op eigen houtje doen.'
'Natuurlijk. Nodig hem uit. Nodig hem maar uit.'
Goddank, dacht hij, goddank. Een schuchter, mislukt journalistje om te praten over dingen die voor geen van hen moeilijkheden zou opleveren. Er was een God in de hemel. De avond zou misschien toch niet zo vreselijk zijn. Hij stond op het punt om Ruth te bellen toen hij zich realiseerde dat ze waarschijnlijk op weg was naar de studio.

'Kunt u Day by Day opnemen op het apparaat dat daar staat,' zei hij tegen juffrouw O'Neill. 'Er komt iets over bankieren dat ik later graag wil bekijken.' Hij keek hoe ze de cassette in de video stopte, op haar horloge keek en de recorder instelde op elf uur.

Joe belde haar om twaalf uur op de dag van het diner.
'Kan ik nu komen?' vroeg hij.
'Je moet wel heel voorzichtig zijn. Doe maar alsof je een leverancier bent,' zei ze.
'Dat is niet moeilijk,' zei hij.
Ze liep het huis nog eens door. Het was volmaakt. Er stonden bloemen in het toilet, prachtige dahlia's en chrysanten, allemaal donkerrood. Ze zagen er schitterend uit naast de roze stukjes zeep en de roze handdoeken. De slaapkamer waar ze hun jassen zouden achterlaten was magnifiek met de twee dikke bedspreien van Kilkenny Design. In de keuken stonden ook bloemen, oranje dahlia's en roestkleurige chrysanten. Ze had theedoeken gekocht in precies dezelfde kleur. Eigenlijk was het zo leuk om ermee te pronken. Ze begreep niet waarom ze dat niet al jaren eerder had gedaan.

Hij kwam heel vlug binnen. Ze keek naar links en naar rechts, maar de andere huizen stonden niet zo dichtbij dat iemand hem kon zien.
'Kom binnen en vertel me alles,' zei ze.
'Het werkte... Tot dusver.'
Ze schonk koffie voor hem in.

'De mooie keuken zal er toch niet vies van worden?' plaagde hij.
'Ik heb vijf uur om alles schoon te maken,' lachte ze.
'Dan zal ik je alles vanaf het begin vertellen. Ik kwam aan bij haar flat. Je man was binnen. Ik kon zijn stem horen. Ze waren ruzie aan het maken...'
'Waarover?' vroeg Carmel belangstellend.
'Dat kon ik niet horen. Ik wachtte dus en ging naar de binnenplaats beneden. Daar heb ik op de muur zitten wachten. Hij vertrok na een uur. Ik belde bij haar aan. Ik vertelde haar wie ik was, dat ik mede-eigenaar was van een galerie in Londen, dat ik geen zware zakengesprekken wilde houden en dat ik haar niet wilde lastigvallen in de week van haar tentoonstelling, maar dat ik heel erg geïnteresseerd was om te zien of we zoiets ook in Londen konden brengen.'
'Vroeg ze waarom je aan de deur was?'
'Ja. Ik zei dat ik haar had opgezocht in het telefoonboek... Ze vond dat heel ondernemend...'
'Dat is het ook,' lachte Carmel. 'Niemand denkt eraan.'
'Ik vertelde haar dus dat ik in het hotel logeerde, maar als ze wilde konden we nu meteen praten. Ze lachte en zei waarom nu niet, en liet me binnen...'
'En...'
'En het is heel mooi. Helemaal ingericht als studio. Totaal geen liefdesnestje... Er is nauwelijks enig comfort. Heel anders dan hier...' Hij keek om zich heen in de chique keuken en vervolgens door de open deur naar de eetkamer met het donker gepolitoerde hout. 'We hadden dus een lang gesprek. Allemaal over haar werk. Ze liet me zien wat ze deed en daarbij namen we de catalogus door. Ik legde uit wat ik kon doen... Je had moeten horen hoe ik namen liet vallen van galeries en mensen in Londen... Ik raakte onder de indruk van mezelf. Ik beloofde niets. Ik zei dat ik optrad als bemiddelaar. Ik zei dat ik mezelf zag als een soort regelneef... Ze mocht dat wel en lachte veel...'
'Ja,' zei Carmel voordat hij het kon zeggen. 'Dat weet ik. Ik heb het gehoord. Ze is heel aardig. Ga verder.'

'Nou goed. Ik denk dat ik het goed heb gespeeld. Dat moet wel. Toen ik wegging zei ik dat we contact moesten blijven houden, dat ik hier een week bleef en dat we misschien eens konden lunchen. Ze zei dat ze dat leuk zou vinden en ik zei de volgende dag en we spraken af in het restaurant dat jij noemde... Ik zei dat ik had gehoord dat het goed was.'

'Was dat zo?' vroeg Carmel belangstellend.

'Het was zo en dat mocht ook wel. Het kost jou een rib uit je lijf. Ik heb de rekening voor je bewaard...'

'Joe, ik heb geen rekeningen nodig.'

'Dat weet ik, maar het bedrag is astronómisch.'

'Was het de goede plaats?'

'Ja, we bleven zitten. Ze drinkt niet veel maar ze bleven kannen koffie brengen... Niemand joeg ons op... Het was heel ontspannen en we verbreedden het gesprek... Ze vertelde me hoe ze was begonnen en hoe die non op haar school groot vertrouwen in haar stelde, ook al dachten haar ouders dat ze geen talent had.' Joe zweeg even. 'Ik bleef benadrukken dat ik slechts op doorreis was en niet zou blijven. Ze wilde eigenlijk heel graag praten, dus je hoeft me niet uitbundig te prijzen.'

'Dus ze vertelde je...'

'Ja, ik perste het stukje bij beetje uit haar... Niet met botte vragen als: "Waarom is een jonge vrouw als jij niet getrouwd?" Meer over het kleinsteedse Dublin waar zoveel wordt geroddeld... Ik vertelde haar dat ik hier nooit zou kunnen wonen vanwege mijn eigen leven. Ze zei dat het niet zo erg was... Er waren veel dingen veranderd, maar mensen lieten anderen nog niet hun eigen weg gaan. Ik discussieerde daarover met haar en toen moest ze wel in details treden. Het ging eerst niet van een leien dakje en ze zei dat ze niet haar hele leven wilde opbiechten aan een volkomen vreemde. Ik zei dat een volkomen vreemde misschien de enige was aan wie je dingen kon opbiechten. Ze drijven voorbij als schepen in de nacht. Soms gebeurde het dat je advies kreeg van een passerend schip maar zelfs als je dat niet kreeg, dan was dat schip toch gepasseerd... het bleef niet in de buurt om je telkens weer beschaamd te maken...'

'En?'

'En ze vertelde me... ze vertelde me over haar getrouwde man.'

'Leek het enigszins op de waarheid? Ik bedoel, beschreef ze de dingen zoals ze zijn?'

'Het was grotendeels zoals je me had verteld. Ze had hem ontmoet toen ze een opdracht van de bank had gekregen. Hij had haar mee uit lunchen genomen. Ze was eenzaam geweest. Hij had begrip getoond... haar vader was kort daarvoor gestorven. Haar moeder was al jaren dood. De getrouwde man was heel aardig.'

'Daar ben ik zeker van,' zei Carmel.

'Ze kwamen elkaar heel vaak tegen en hij was zo geïnteresseerd in haar werk en moedigde haar aan... en hij geloofde in haar – en de reden waarom ze hem zo graag mocht...'

'Ja?' vroeg Carmel terwijl ze voorover leunde.

'Hij wilde geen mensen kwetsen of mensen omlaaghalen. Hij wilde nooit dat ze over de ruggen van andere mensen iets bereikte. Hij wilde dat ze tevreden was met zichzelf en met haar werk... dat waardeerde ze het meest in hem.'

Joe zweeg even. 'Daarop merkte ik voorzichtig op dat hij iets inhaligs moest hebben om er twee huishoudens op na te houden. Hij moest iets hebzuchtigs hebben om ze allebei aan te houden... je weet wel, zonder afbreuk te doen aan zijn eigen levensstijl...'

'Wat zei ze?'

'Ze dacht van niet. Ze dacht dat hij het slachtoffer was van de omstandigheden. Zijn vrouw was niet gezond geweest. Ze had... – neem me niet kwalijk, Carmel – ze gebruikte de uitdrukking "last van zenuwaanvallen..."'

'Prima. Prima,' zei Carmel.

'Daarna praatte ik wat over Henry. Ik wilde niet dat ze dacht dat ze te veel losliet, begrijp je... mensen keren zich tegen mensen die ze te veel in vertrouwen nemen.'

'Dat weet ik,' stemde Carmel in.

'Hoe dan ook, daarna ging het verder... of ze me een beetje in Dublin kon rondleiden? We lunchten in de National Gallery... we liepen de galerie waar ze exposeert in en uit, we gingen – de hemel mag weten waar allemaal naartoe... Overdag hield ik haar bezig en 's avonds hield ik me min of meer op de achtergrond, omdat ik wist dat ze jouw man na het werk trof. Op woensdag vroeg ze me of ik hem wilde ontmoeten. Ik zei nee.'

'Woensdag,' zei Carmel zacht bij zichzelf.

'Ja. Ik zei dat er geen sprake van kon zijn dat ik me in de privélevens van andere mensen mengde. Dat was de avond waarop ze me vertelde dat ze hier was uitgenodigd en zich vreselijk ongerust maakte. Ze kon zich niet voorstellen waarom... ze zei dat ze niet wilde komen en jou kwetsen.'

'Nee. Nee, inderdaad,' zei Carmel.

'Dus zei ze dat ze niet wist hoe ze eronderuit kon komen. De man zou niet van een weigering willen horen. Ik zei dat de getrouwde man er een kick van zou krijgen als hij jullie samen zag. Ze trok spierwit weg bij de gedachte... "Dat zou hij niet willen," zei ze. "Ik weet het niet, voor sommige kerels is het echt het einde," zei ik, "om alletwee de vrouwen te zien en te weten dat je met allebei hebt geneukt."'

'Echt waar?' vroeg Carmel.

Joe lachte. 'Dat vroeg zij ook. Hoe dan ook, het maakte haar overstuur. En ze zei dat hij zo niet was. Nou, in dat geval zal hij je niet dwingen om naar dat diner te komen, zei ik. Hij zou een echte voyeur zijn, nietwaar, als hij jullie daar allebei had?' Joe zweeg even om een slok koffie te nemen. 'Daarna zei ik: "Het zou me niet verbazen als hij die vrouw heeft gedwongen jou voor dat diner te vragen. Waarom zou de vrouw jou tenslotte uitnodigen? Als ze niets weet van jou en hem, dan is het vreemd dat ze opeens besluit om uitgerekend jou van alle inwoners van Dublin te vragen en weet ze wel iets, dan is het nog vreemder." Ze zei dat die gedachte ook bij haar was opgekomen. Weet je, Carmel, ze is gewoon een doodnormale vrouw die wat moeite heeft om alles snel op een rijtje te zetten... ze is geen Mata Hari.'

'Ik weet het,' zei Carmel.

'Dus zei ik, als de anderen werkelijk zijn vrienden zijn, dan zijn ze er misschien allemaal bij betrokken. Ze weten van jou en hem, nietwaar?' Joe leunde naar haar toe. 'Daarmee was het eerste achter de rug. Ze geloofde echt dat hij haar een hak zette, ze was er volkomen van overtuigd. Ik weet niet wat voor avond die twee daarna hebben gehad, maar die duurde niet lang. Hij stond binnen een uur weer buiten.'

'Ja, woensdag kwam hij heel vroeg thuis met een rothumeur,' glimlachte Carmel.

'Dus bel ik haar op donderdag en zeg: kom, ik nodig je uit voor de lunch en geen sombere praat, want wat leven we toch in een kleine wereld. Ik ben net de Murray's tegen het lijf gelopen, oude vrienden van me, en ha, ha, wat is Dublin toch een dorp! Nu weet ik wie die geheimzinnige bankdirecteur is. Het is Dermot Murray. Ik wist niet dat hij jou kende... Ze staat perplex. "Oho," zeg ik, "in deze stad kun je niets geheimhouden. Nee, echt, is het niet om te gillen, ik ken zijn broer Charlie van jaren geleden, lang voordat hij naar Australië ging of waar dan ook en ik herinner me Carmel en Carmel had verkering met Dermot Murray, destijds een lage bankemployé..." O, ze is helemaal van streek, kan het niet geloven, het wordt haar te veel. Ik zeg dat ze moet ophouden met dat geknies en dat zenuwachtige gedoe. Ik nodig je uit voor een uitgebreide lunch, zeg ik, en ik blijf het een giller vinden...'

Carmel glimlachte.

'Ik haal haar op. Ze heeft gehuild, ze schaamt zich zo, ze zou er niet over gepiekerd hebben mij al die intieme dingen te vertellen als er een kans bestond dat ik iemand kende... maar ik was een vreemde, iemand die jaren geleden was weggegaan... Ik bleef lachen om die onwaarschijnlijke kans van één op zoveel miljoen, vergeet het, trouwens, was het allemaal zo niet het beste? Omdat ik nu wist dat het Carmel en Dermot waren, kon ik pertinent zeggen dat zij niet de mensen waren die bij iets gemeens betrokken zouden zijn. Iedereen had zich heel positief over Dermot uitgelaten en de arme Carmel was altijd heel aardig geweest.'

'Arme Carmel,' zei Carmel nog steeds glimlachend.

'Je vroeg me het zo goed mogelijk te spelen,' zei Joe.

'Dat weet ik. Ga door.'

'Het kostte heel wat overredingskracht om haar terug te krijgen waar ze was. Ik herinnerde haar aan al mijn ontboezemingen, over mijn homoseksualiteit, over Henry. Ik vertelde haar dat niemand in Ierland iets van mij wist, dat we nu beiden geheimen van elkaar kenden. Tijdens de lunch gaven we elkaar een hand. Ik voelde me een echte klootzak.'

'Ga verder, Joe.'

'Toen ze wegging, was ze opgewekter. Ik belde haar gisteren en vroeg of ik langs kon komen om een kop koffie te drinken. Ik vertelde haar dat ik in het hotel een man tegen een vriend had horen praten. Ik gaf een volmaakte beschrijving van David... aan de hand van wat jij me over hem had verteld was dat niet moeilijk.'

'Er is maar één David,' zei Carmel.

'Ja, ze herkende hem meteen en ik maakte er een heel verhaal van. Het had heel iets anders kunnen zijn, maar het klonk echt alsof ze het over Dermot hadden gehad... Ik bleef doen alsof het misschien verbeelding kon zijn geweest, maar zij begreep dat het niet zo was. Ze wist dat als ik hem zo had horen praten, het Dermot moest zijn, en Dermot moet David inderdaad hebben verteld dat ze naar het diner kwam en dat het allemaal erg gedurfd was.'

Joe keek Carmel aan. 'Ze huilde en bleef huilen. Ik vond het heel erg voor haar.'

'Ik heb ook veel gehuild. De eerste keer, toen hij er met die Sophie vandoor ging. Ik huilde vier maanden aan één stuk.'

'Maar zij heeft niemand om haar te troosten.'

'Ik had ook niemand die me troostte.'

'Jij had een psychiater.'

'Wat een geweldige hulp.'

'Hij maakte jou toch beter?'

'Nee, dat deed hij niet. Hij vroeg me om mezelf de vraag te stellen of mijn huwelijk met Dermot zo belangrijk was dat ik het koste wat kost wilde redden. Wat weet hij verdomme van een huwelijk, hoe belangrijk het is en wat het kost? Wat heb ik verder nog dan mijn huwelijk met Dermot? Er bestáát niets anders. Het is geen keuze tussen dit en iets anders; het is dit of niets.'

'Met jou komt het wel goed, jij zou best op jezelf kunnen wonen. Je hebt hem niet nodig. Ik begrijp niet waarom je hem om je heen zou willen hebben. Jarenlang heb je niets aan hem gehad, hij is niet vriendelijk geweest, geen vriend. Jij wilde niets wat hij wilde. Waarom liet je hem destijds niet schieten, of nu als het daarom gaat?'

'Je begrijpt het niet. Het is anders voor... eh... voor homo's is dat niet hetzelfde.'

'Verdorie, natuurlijk is het niet hetzelfde. Ik hou van Henry en Henry houdt van mij. Op een dag houdt een van ons niet meer van de ander. Hopelijk gaan we dan uit elkaar en gaat ieder van ons zijn eigen weg... maar bij elkaar blijven en elkaar afkatten is het ergst.'

'Maar jouw wereld is zo heel anders... zo totaal verschillend... ik zou dat niet kunnen.'

'Nou, dat heb je ook niet gedaan. En je hebt gewonnen.'

'Ja, hè?'

'Ja... het is allemaal geregeld. Ik heb haar vanochtend verteld dat ik ook was gevraagd om hier te komen dineren, dat ik er zou zijn voor morele steun als ze wilde komen. Ze zei nee, ze wilde zichzelf niet belachelijk maken tegenover iedereen. Vanavond, tijdens de opening van haar tentoonstelling, zal ze je vertellen dat ze toch niet kan komen. Ze zegt dat ze het voorzichtig zal inkleden, ze weet dat jij net zo goed een pion bent als zij...'

'Goed, goed.'

'En is ze niet van plan hem iets te vertellen. Ze laat hem in zijn vet gaar koken, hij mag denken wat hij wil.'

'Veronderstel dat hij achter haar aan gaat, veronderstel dat hij haar niet wil laten gaan?'

'Ik denk dat ze het hem wel duidelijk zal maken. In elk geval heeft ze al met een paar andere vrienden afgesproken om uit te gaan. Ze zegt dat ze het vervelend voor jou vindt, omdat je nogal timide bent en dit al een maand geleden hebt gepland... ze is bang dat de hele zaak op een fiasco uitloopt...'

'Dat is heel aardig van haar.'

'Het is echt gemeend, Carmel, ze is heel aardig.'

'Dat zeg je aldoor, maar ik ben ook heel aardig. Ik ben bijzonder aardig en maar heel weinig mensen beseffen dat.'
'Ik besef dat. Ik heb dat altijd geweten,' zei Joe.
'Ja,' beaamde Carmel.
'Ik zou dit niet voor geld hebben gedaan. Jij bent altijd goed voor mij geweest.'
'Ik stuur je geld omdat ik geld heb en jij niet. Het leek alleen maar eerlijk om deze week voor jou te betalen...'
'Jij was altijd een prachtmeid, Carmel. Altijd. Ik zou geen leven hebben gehad als jij er niet was geweest.'

Er viel een stilte. Ze zaten in de glanzende keuken en dachten aan die andere keuken, de keuken waar Carmels broer Charlie en Joe met rood aangelopen gezichten voor Carmels vader hadden gestaan. Die avond vielen er woorden die nooit in dat huis waren gebruikt. Er werd gedreigd de ander kapot te maken. Tegen Joe zou vervolging worden ingesteld, hij zou voor jaren achter de tralies verdwijnen, de hele wereld zou van zijn tegennatuurlijke daden horen, zijn weerzinwekkende verleiding van onschuldige schooljongens... een daad die zo schandelijk was, dat zelfs de dierenwereld die niet zou dulden en Charlie zou als gevolg daarvan misschien geestelijk beschadigd opgroeien. Joe's vader, die tuinman was, zou worden ontslagen en de man zou nooit meer werk vinden. Nog diezelfde avond zou hij van de activiteiten van zijn zoon te horen krijgen.

Op dat moment had Carmel haar stem gevonden. Ze was tweeëntwintig en vijf jaar ouder dan Charlie. Ze was een rustig meisje. Haar vader had haar in de keuken niet eens opgemerkt, zo groot was zijn woede geweest.

'Het is de schuld van Charlie, pa,' had ze op effen toon gezegd. 'Twee jaar geleden wist hij al dat hij homo was. Hij heeft met een heleboel jongens een relatie gehad, ik kan u de namen geven.' Er viel een stilte die wel een uur leek te duren. 'Ik kan niet tegen onrechtvaardigheid. Joe Daly heeft niets gedaan dat Charlie niet wilde. Waarom zou zijn vader ontslagen worden, waarom zou hij te schande worden gemaakt, waarom mag Charlie er ongestraft van afkomen, vader? Omdat meneer Daly tuinman is en u directeur?'

Op die vraag was geen antwoord te geven.

Korte tijd later was Charlie naar Australië vertrokken. Meneer Daly kreeg er nooit iets van te horen en Joe Daly kreeg indirect een beetje hulp van de vader van Charlie zodat hij naar het lager beroepsonderwijs kon, waar hij les kreeg in Engels en in handelsrekenen en boekhouden. In die tijd schreef hij af en toe een artikel voor de krant en Carmel had hem een enkele keer in Dublin gezien. Toen ze twee jaar na die pijnlijke gebeurtenissen in de keuken met Dermot trouwde, had hij haar een huwelijkscadeau gestuurd. Het was een prachtige vaas van geslepen glas, fraaier dan enig ander geschenk dat ze van een van de vrienden van haar vader had gekregen of van iemand van Dermots kennissen. Vanavond zou die vaas op de eettafel staan, gevuld met herfstrozen.

'Zal ik je alleen laten om wat te rusten en alles te overdenken?' vroeg Joe.

'Ik zou willen dat jij vond dat ik het goed heb gedaan,' zei ze.

'Je weet hoe ik erover denk. Ik vind dat jij hem had moeten laten gaan. Dat denk ik. Er zijn nog andere manieren van leven.'

'Niet voor vrouwen van vijftig.'

'Ik weet wat je bedoelt, maar toch is het zo. Hoe dan ook, je krijgt je zin.'

'Waarom heb je nu een hekel aan me?'

'Carmel, ik heb geen hekel aan je. Ik heb veel aan jou te danken en ik zou altijd alles voor je doen. Dat heb ik je gezegd en ik meende het. Je vroeg mij om één gunst. Daar heb je me rijkelijk voor beloond. Ik heb eraan voldaan, maar ik hoef het niet goed te keuren.'

'O, Joe, ik dacht dat je het zou begrijpen.'

'Weet je, het is precies het tegenovergestelde van wat er jaren geleden is gebeurd. Toen deed jij iets dappers, gewoon... nou ja... gewoon zodat het goed was...'

'Maar dit is ook goed! Ze is jong, zij zal iemand anders vinden, een geschikte jongen, geen getrouwde man... niet de echtgenoot van een ander...'

'Nee. Wat ik bedoel, is dat je het deze keer zo hebt geregeld dat de waarheid verborgen blijft en verloren gaat... Ze denkt dat Dermot haar bedriegt, ze denkt dat hij haar belachelijk maakt, dat hij wilde dat ze naar het diner kwam, omdat hij zich dan een macho voelt. Dermot denkt dat zij hem heeft laten vallen, dat ze hem beloofde ermee door te gaan om hem daarna onverhoeds in de steek te laten. Ze geloven geen van beiden dat de ander eerlijk is.'

Carmel stond op. 'Ik weet dat het ingewikkeld is. Weet je, die psychiater zei bij de eerste keer tegen me dat er niet zoiets bestaat als volkomen juist en volkomen verkeerd. Hij zei ook dat we de levens van andere mensen niet kunnen beheersen; dat we alleen de verantwoordelijkheid voor ons eigen leven moeten nemen. Ik besloot wat ik met mijn leven wilde doen en dat heb ik ook gedaan. Zo zie ik het. Ik zie het niet als een vorm van tussenbeide komen of voor God spelen of zoiets.'

Joe stond ook op. 'Nee, wat het ook is, ik geloof niet dat je het kunt vergelijken met voor God spelen,' zei hij.

Daarna liep hij op zijn gemak het huis uit, waarbij hij zich ervan overtuigde dat niemand hem zag, omdat niet bekend mocht worden dat hij een goede vriend van Carmel was. Hij was maar een kennis en ze hadden elkaar bij toeval weer ontmoet en zijn laatste taak was ervoor te zorgen dat het diner echt leuk werd.

Flat in Ringsend

Ze zeiden dat je altijd rond de middag de avondkrant moest kopen. En zo gauw je lucht kreeg van een kamer, moest je daar meteen op afgaan en als eerste van de rij op de stoep gaan zitten. Je moest geen enkele aandacht besteden aan de woorden 'Na zes uur'. Als je er om zes uur was en de advertentie had er een beetje redelijk uitgezien, dan stond er een rij tot aan het eind van de straat. In Dublin een goede kamer vinden met een huur die je kon opbrengen, was net zoiets als goud vinden tijdens een goudkoorts.

De andere manier was via-via. Als je iemand kende die weer iemand kende die ergens wegging, dan lukte het meestal wel. Maar als je net in Dublin was aangekomen, kon er van zulke persoonlijke contacten natuurlijk geen sprake zijn, dan was er niemand die jou kon vertellen dat hun kamer aan het eind van de maand vrij zou komen. Nee, dan moest je in een pension logeren en blijven zoeken.

Jo was als kind een keer of tien in Dublin geweest; ze was er naar een wedstrijd geweest, of met een schoolreisje, of die keer dat pap in het Chest Hospital had gelegen en iedereen maar bleef huilen omdat hij misschien niet beter zou worden. Het merendeel van haar vriendinnen was veel vaker in Dublin geweest en zij hadden het op een heel vertrouwde manier over de plaatsen waar ze waren geweest in de veronderstelling dat zij wist waarover ze praatten.

'Je móét de Dandelion Market kennen. Even denken, je komt uit de Zhivago en je gaat direct rechtsaf, je blijft doorlopen en je komt langs O'Donoghues en Stephen's Green en je slaat niet rechtsaf Grafton Street in. Weet je nu waar het is?'

Als ze zoveel moeite hadden gedaan om haar iets uit te leggen, zei Jo maar ja. Jo wilde andere mensen heel graag een plezier doen en ze had het idee dat ze hen ergerde als ze niet wist waarover ze spraken.

Dublin was voor Jo een hele grote witte vlek. Ze had echt het gevoel gehad dat ze een stap deed in het onbekende toen ze de trein nam om daar te gaan werken. Ze vroeg zich niet af waarom ze daar eigenlijk heenging. Iedereen was ervan uitgegaan dat ze het zou doen. Wie blijft immers in zo'n gat midden in de rimboe, zo'n gehucht aan het eind van de wereld, zo'n uithoek wonen? Ze had jarenlang niets anders gehoord. Alle medescholieren gingen weg. Ze ontsnapten, gingen iets van het leven zien, iets van het leven maken, een echt bestaan opbouwen en enkele klasgenoten van haar waren helemaal naar Ennis of Limerick gegaan waar ze logeerden bij nichtjes. Een paar waren naar Engeland vertrokken, waar een oudere zus of een tante zorgde voor een dak boven hun hoofd. Maar van Jo's jaar ging niemand naar Dublin. En de familie van Jo moest de enige in het dorp zijn zonder familie in Glasnevin of Dundrum.

Er waren een heleboel grappen gemaakt over het feit dat ze op het postkantoor ging werken. Het zou haar geen moeite kosten om aan een postzegel te komen voor een brief naar huis; sterker nog, ze zou geen enkel excuus hebben als ze niet schreef. Het was ook leuk dat ze af en toe stiekem kon bellen, alleen hadden ze thuis geen telefoon. Misschien kon ze een lang telegram sturen als ze snel iets moest vertellen. Ze gingen ervan uit dat ze alles te weten zou komen van de belangrijke dames en heren van Dublin, zoals juffrouw Hayes van hun postkantoor alles wist wat er in het dorp omging. De mensen zeiden dat het haar geen moeite zou kosten om andere mensen te leren kennen, omdat er geen betere plaats was om vrienden te maken dan het postkantoor dat het middelpunt van alles was.

Ze wist dat ze niet zou gaan werken in het hoofdpostkantoor, maar als ze zich voorstelde dat ze in Dublin was, zag ze zich midden in het hoofdpostkantoor zitten, waar ze met alle mensen kletste die binnenkwamen en waar ze iedereen kende die postzegels kwam kopen of de kinderbijslag kwam innen. Ze stelde zich voor dat ze ergens in de buurt woonde, misschien wel boven Clery's of op de hoek van O'Connell Bridge, zodat ze vanuit haar slaapkamer uit kon kijken over de Liffey.

Wat Jo absoluut niet had verwacht, waren de kilometers lange straten waar niemand elkaar kende en de eindeloze busritten. Ook bleek het noodzakelijk om twee uur voordat ze op haar werk moest verschijnen, uit bed te komen, omdat ze kon verdwalen of omdat de bus niet reed. 'Niet veel tijd voor leuke dingen,' schreef ze naar huis. 'Ik ben zo uitgeput als ik weer in het pension ben, dat ik gewoon naar bed ga en in slaap val.'

De moeder van Jo vond het wel fijn dat ze in het pension logeerde. Het werd gedreven door nonnen, dus kon Jo niets overkomen. Haar vader zei te hopen dat ze behoorlijk stookten, want nonnen stonden erom bekend dat ze iedereen dood lieten vriezen, omdat zij zelf thermisch ondergoed droegen. De zussen van Jo die als serveersters in het hotel werkten, zeiden dat ze niet goed wijs moest zijn omdat ze al een hele week in een pension logeerde; haar broer die op de melkfabriek werkte, zei dat hij het jammer vond dat ze geen kamer had, omdat hij dan ergens kon logeren als hij naar Dublin kwam; haar broer die in de garage werkte, zei dat Jo beter had kunnen blijven waar ze was – in Dublin zou ze alleen maar ontevreden worden en het zou net zo met haar aflopen als met dat meisje van O'Hara: vlees noch vis, niet gelukkig in Dublin en thuis ook niet. Nou moet gezegd worden dat hij een hele tijd een oogje had gehad op het meisje van O'Hara en dat het hem behoorlijk had geërgerd toen bleek dat ze nog geen belangstelling had voor een burgerlijk bestaan en zich niet wilde gedragen als een normale vrouw.

Maar Jo wist niet dat ze allemaal aan haar dachten en over haar praatten, toen ze reageerde op de advertentie van de flat in Ringsend. Er stond: 'Eigen kamer, eigen televisie, gezamenlijke keuken, badkamer.' Het was heel dicht in de buurt van haar postkantoor en leek bijna te mooi om waar te zijn. Alstublieft, Heilige Judas Thaddeus, alstublieft. Laat het een leuke flat zijn, maak dat ze me aardig vinden, laat het niet te duur zijn.

Er stond geen rij voor de deur, omdat het niet zozeer 'Kamer te huur', maar meer 'Derde meisje gezocht' was. Door de toevoeging 'eigen televisie' ging Jo zich afvragen of het voor haar misschien te hoog gegrepen was, maar het huis zag er zeker niet overweldigend uit. Een gewoon rijtjeshuis van rode baksteen met een kelderverdieping. Haar vader had haar gewaarschuwd voor kelderverdiepingen; ze waren erg vochtig, beweerde hij, maar haar vader had dan ook last van zijn longen en zag overal vocht. De flat was trouwens niet in de kelder, maar boven. En een vrolijk kijkend meisje met een schooldas die de kamer kennelijk niet wilde, kwam de trap af.

'Een ramp,' zei ze tegen Jo. 'Ze zijn allebei vreselijk. Ordinair.'

'O,' zei Jo die verder de trap op liep.

'Hallo,' zei het meisje met NESSA op haar T-shirt. 'Jeetje, heb je dat bekakte wicht gezien dat naar buiten liep? Ik kan dat soort lui niet uitstaan, ik kan ze gewoon niet uitstaan...'

'Wat heeft ze gedaan?' vroeg Jo.

'Gedaan? Ze hoefde helemaal niets te doen. Ze stak alleen haar neus overal in en trok haar lip op en giechelde en zei toen "Dit is het?" met zo'n echt stads accent. "Hemeltje lief." De stomme koe. We zouden haar nog niet willen hebben als we op sterven na dood waren en zij voor ons een brood moest kopen. Zo is het toch, Pauline?'

Pauline droeg een psychedelisch hemd dat bijna zeer deed aan de ogen, maar dat slechts iets feller was dan haar haren. Pauline was een punk, zag Jo met verbazing. Ze had een paar punks in O'Connell Street gezien, maar nog nooit een punker ontmoet of gesproken.

'Nee, stomme saaie trien. Ze was zo saai. Ze zou ons dood verveeld hebben en jaren later zouden onze lichamen hier zijn gevonden en dan zou de rechterlijke uitspraak hebben geluid: dood door verveling...'

Jo lachte. Het was zo absurd om aan al dat roze haar te denken dat dood op de vloer lag, omdat het niet tegen de tongval van een huisgenootje opgewassen was geweest. 'Ik ben Jo, ik werk op het postkantoor en ik heb gebeld...' Nessa zei dat ze net een kop thee wilden gaan drinken. Ze haalde drie mokken te voorschijn: één met NESSA, één met PAULINE en een derde met ANDER als opschrift. 'We zullen jouw naam erop zetten als je hier komt wonen,' zei ze grootmoedig.

Nessa werkte bij de CIE, een Ierse transportonderneming, en Pauline werkte bij een groot bedrijf in de buurt. Ze hadden de flat drie maanden geleden betrokken en Nessa's zus bewoonde de derde kamer, maar nu ze snel ging trouwen, heel erg snel zelfs, kwam de kamer dus leeg. Ze legden haar uit wat het moest kosten, ze lieten haar de badgeiser zien en ze lieten haar het muurrek in de keuken zien waar elke plank een eigen naam droeg: Nessa, Pauline en Maura.

'Maura's naam gaat weg en we zullen jouw naam erop schilderen als je hier komt wonen,' verzekerde Nessa haar weer.

'Jullie hebben geen zitkamer,' zei Jo.

'Nee, we hebben het verdeeld in drie slaapkamers,' zei Nessa.

'Is veel logischer,' zei Pauline.

'Wat heeft een zitkamer voor zin?' vroeg Nessa.

'Ik bedoel maar, wie zou er gaan zitten?' vroeg Pauline.

'En we hebben twee stoelen in onze eigen kamer,' zei Nessa trots.

'En we hebben onze eigen tv,' zei Pauline blij.

Over dat punt wilde Jo dus praten.

'Ja, jullie hebben niet gezegd hoeveel die kost. Huren jullie die?'

Het grote, blije gezicht van Nessa spleet in een glimlach. 'Nee, dat is het mooiste. Je moet weten dat Steve van Maura – nu dus mijn zwager hoop ik – dat mijn zwager Steve bij zo'n zaak werkte en dat hij ons voor een habbekrats tv's kon bezorgen.'

'Dus jullie hebben ze zelf gekocht?' vroeg Jo verrukt.

'Bij wijze van spreken,' zei Pauline. 'Eigenlijk zelf aangenomen.'

'Ja, het was zijn manier om zijn dankbaarheid te tonen, zijn manier om de huur te betalen... bij wijze van spreken,' zei Nessa.

'Woonde hij hier dan ook?'

'Hij was de vriend van Maura. Hij was hier bijna altijd.'

'O,' zei Jo. Er viel een stilte.

'Niet goed?' vroeg Nessa beschuldigend. 'Als je iets te zeggen hebt, moet je het nu doen.'

'Ik geloof dat ik me stond af te vragen of hij niet iedereen voor de voeten liep. Ik bedoel, als er een vierde in de flat woonde, was dat toch niet eerlijk tegenover de anderen?'

'Waarom denk je dat we er allemaal zitslaapkamers van hebben gemaakt?' vroeg Pauline. 'Dan kunnen we allemaal doen waar we zin in hebben als we er zin in hebben. En dat zonder de anderen voor de voeten te lopen. Duidelijk?'

'Duidelijk,' zei Nessa.

'Duidelijk,' zei Jo, weifelend.

'Wat vind jij?' vroeg Nessa aan Pauline. 'Van mij mag Jo komen als ze dat wil. Van jou ook?'

'Ja, best. Ik vind het prima als het haar ook aanstaat,' zei Pauline.

'Dank jullie wel,' zei Jo met een lichte blos.

'Is er nog iets anders wat je zou willen vragen? Ik geloof dat we alles hebben gehad. Er is een munttelefoon beneden in de gang. In de flat hieronder zitten drie verpleegsters, maar zij nemen geen boodschappen voor ons aan, dus doen we dat ook niet voor hen. Je betaalt de huur op de eerste van de maand plus nog vijf piek per persoon waarvoor ik een paar noodzakelijke dingen koop.'

'Kom je hier wonen?' vroeg Nessa.

'Graag, ik kom heel graag. Is zondagavond goed?'

Ze gaven haar een sleutel, pakten haar huur aan, schonken nog een kop thee in en zeiden dat ze het geweldig vonden dat alles zo snel was geregeld. Nessa zei dat Jo zo'n korte naam was, dat het heel gemakkelijk zou zijn om die op de plank in de keuken, op de plank in de badkamer en op haar mok te schilderen.

'Ze wilde de namen ook op de deuren schilderen, maar dat vond ik niet goed,' zei Pauline.

'Pauline vond dat het dan te veel op een kleuterschool ging lijken,' zei Nessa spijtig.

'Ja, en ik wilde ook nog wel wat leven in de brouwerij. Als onze namen op de deuren zouden staan, hoefden we 's nachts nooit te rekenen op onverwacht bezoek – ik houd wel van een verrassing!'

Jo lachte mee. Ze hoopte dat Pauline en Nessa een grapje maakten.

Ze verzekerde haar moeder in de brief dat de flat erg dicht in de buurt van de Haddington Road lag en ze vertelde haar vader dat het zeker geen vochtige kelderverdieping was. Bovendien schreef ze iets over de televisie op elke slaapkamer om haar zussen jaloers te maken. Zij hadden gezegd dat ze een druif was om naar Dublin te gaan; de beste lui uit Dublin kwamen voor de vakantie naar County Clare. Ze zou thuis moeten blijven om ze daar te ontmoeten in plaats van naar Dublin te gaan om te proberen ze daar te vinden.

Ze zaten op zondag in het pension aan de thee toen Jo afscheid kwam nemen. Ze sleepte haar twee koffers naar de bushalte.

'Je vriendinnen komen je niet ophalen?' vroeg de zuster.

'Ze hebben geen auto, zuster.'

'Juist. Toch komen jonge mensen een vriendin vaak helpen. Ik hoop dat jouw vriendinnen aardige mensen zijn.'

'Heel aardig, zuster.'

'Dan is het goed. Nou, God zegene je, kind. En denk eraan dat dit een erg goddeloze stad is en dat er een heleboel slechte mensen wonen.'

'Ja zuster, ik zal heel goed oppassen.'

Het kostte haar een hele tijd om bij de flat te komen.

Ze moest twee keer overstappen en liep bijna op haar laatste benen toen ze er aankwam. Ze moest nog een keer extra naar beneden voor de tweede koffer en sleepte ze toen allebei de kamer in die haar was toegewezen. Hij was kleiner dan hij vrijdag had geleken, maar hij kon nauwelijks zijn gekrompen. Het beddengoed lag daar opgevouwen: twee dekens, twee kussens en een sprei. Verdorie, ze was lakens vergeten, omdat ze ervan uit was gegaan dat die inbegrepen waren. En verdorie, dan zouden er wellicht ook geen handdoeken zijn. Wat stom dat ze daar niet naar had gevraagd.

Ze hoopte dat ze het niet zouden merken en morgen kon ze wat kopen – of ze hoopte eigenlijk dat ze iets zou kunnen kopen, omdat ze maar een uur lunchpauze had. Ze zou het een van de meisjes in het postkantoor vragen en voor dit soort noodgevallen had ze haar spaargeld.

Ze hing haar kleren in de popperige kleerkast, zette haar spulletjes op de vensterbank en plaatste haar schoenen in een keurige rij op de grond. Ze schoof haar koffers onder het bed en ging met een erg leeg gevoel zitten.

Thuis zouden ze op een zondagavond om acht uur naar de film gaan of ze gingen dansen. In het pension zouden enkele meisjes in de kantine naar de televisie zitten kijken en anderen zouden samen naar de bioscoop gaan en op de terugweg een frietje nemen; maar de papieren zakjes zouden ze weggooien in de afvalbak op de hoek van de straat waar het pension was, omdat de zuster het niet fijn vond als de geur van friet het gebouw binnenkwam.

Niemand zat alleen op bed niets te doen. Ze kon uitgaan en de bus pakken naar de stad om alleen naar de bioscoop te gaan, maar dat leek belachelijk als je zelf een televisie had. Helemaal van haar. Ze kon van zender veranderen wanneer ze wilde; ze zou het niemand hoeven te vragen.

Ze wilde naar de zitkamer lopen om te kijken of er een zondagskrant was, toen ze bedacht dat er geen zitkamer was. Ze wilde niet de deur van hun kamers openen voor het geval dat ze thuis zouden komen en misschien dachten dat ze aan het snuffelen was. Ze vroeg zich af waar ze waren. Was Nessa uit met een vriendje? Ze had er niets van gezegd, maar in Dublin vertelden meisjes niet meteen of ze een jongen hadden. Misschien was Pauline naar een punkdisco. Ze kon niet geloven dat Pauline met die haren een echte baan had en dat iemand haar in aanraking liet komen met klanten, maar misschien zat ze ergens achteraf. Misschien zouden ze rond een uur of elf thuiskomen (ze moesten morgenochtend tenslotte vroeg op om naar het werk te gaan); misschien dronken ze aan het eind van de dag allemaal samen chocolademelk in de zitkamer – nou ja, de keuken. Ze zou hun vertellen hoe goed ze zich thuis voelde. In de tussentijd zou ze lekker blijven zitten en naar haar eigen televisie kijken.

Jo viel na een half uur in slaap. Ze was erg moe geweest. Ze droomde dat Nessa en Pauline thuis waren gekomen. Pauline had besloten de roze kleur uit haar haren te wassen en een kamer te delen met Nessa. Ze gingen van Pauline's kamer een zitkamer maken waar ze konden zitten en praten en plannen maken. Ze werd met een schok wakker toen ze hoorde giechelen. Het was Pauline en de stem van een man en ze waren in de keuken.

Jo schudde zich wakker. Ze moest drie uur hebben geslapen; ze had een stijve nek en de televisie sneeuwde. Ze stond op en zette hem uit, kamde haar haren en wilde de kamer uitlopen om de thuiskomers te verwelkomen, toen ze aarzelde. Als Paulien een jongen had gevraagd om mee naar huis te komen, zou ze waarschijnlijk met hem naar bed gaan. Het laatste waaraan ze nu waarschijnlijk behoefte had, was de nieuwe medebewoonster die op zoek was naar gezelschap. Ze waren aan het lachen in de keuken, dat kon ze horen. En toen hoorde ze de elektrische waterkoker sissen en fluiten. Goed, ze kon altijd doen alsof ze zelf een kop thee wilde zetten.

Zenuwachtig opende ze de deur en liep naar de keuken. Pauline was in gezelschap van een jonge man die een zwaar leren jack droeg met een massa kopspijkers.

'Hallo, Pauline, ik wilde net een kop thee voor mezelf zetten,' zei Jo verontschuldigend.

'Natuurlijk,' zei Pauline. Ze deed niet onvriendelijk, ze keek niet geërgerd, maar ze maakte ook geen aanstalten om haar vriend voor te stellen.

De waterkoker was nog heet, dus pakte Jo een beker waarop Bezoeker stond en deed er een theezakje in. 'Nessa gaat mijn naam op een beker schilderen,' zei ze tegen de man met het jack, gewoon om iets te zeggen. 'O leuk,' zei hij. Hij haalde zijn schouders op en vroeg aan Pauline: 'Wie is Nessa?'

'Die woont daar,' wees Pauline in de richting van Nessa's kamer.

'Ik ben het derde meisje,' zei Jo wanhopig. 'Derde van wat?' vroeg hij echt verbijsterd. Pauline had het dienblad vol geladen met thee en koekjes en liep naar de deur.

'Trusten,' zei ze best wel gezellig.

'Slaap lekker, Pauline. Slaap lekker... eh...' zei Jo.

Ze liep met haar kop thee naar haar kamer. Ze zette de televisie iets harder om niet het geluid van iets in de kamer ernaast te horen. Ze hoopte dat ze Pauline niet had geërgerd. Ze zou niet weten wat ze had gedaan om haar te ergeren en ze leek trouwens vrolijk genoeg toen ze die jongen meenam naar... nou ja, naar haar kamer. Jo zuchtte en stapte in bed.

De volgende ochtend kwam ze uit de badkamer en liep Nessa tegen het lijf.

'Het is toch gewoon "J" en "O", twee letters, hè?' vroeg Nessa.

'O ja, inderdaad. Dank je wel, Nessa.'

'Dat is wel goed. Ik wil later alleen niet horen dat er een "E" in je naam voorkomt.'

'Nee, nee, het is een afkorting van Josephine.'

'Prima.' Nessa was weer weg.

'Hoe laat kon je vanavond thuis?' vroeg Jo.

'O, ik denk niet dat ik ze vanavond al beschilder,' zei Nessa.

'Dat bedoelde ik niet, ik wilde alleen weten wat je met het avondeten deed. Je weet wel.'

'Geen idee,' zei Nessa vrolijk.

'O,' zei Jo. 'Neem me niet kwalijk.'

Jacinta die naast haar werkte, vroeg hoe de kamer was.

'Best wel mooi,' zei Jo.

'Je hebt groot gelijk dat je uit dat pension bent vertrokken. In een pension heb je geen leven,' zei Jacinta wijsneuzig.

'Daar heb je gelijk in.'

'God, ik zou willen dat ik niet meer thuis woonde,' zei Jacinta. 'Het is niet natuurlijk als mensen nog thuis wonen, daar zou een wet tegen moeten zijn. Ze hebben wetten voor stomme dingen als het niet importeren van levend gevogelte, alsof iemand dat zou willen doen, maar ze hebben geen wetten voor dingen waar mensen echt behoefte aan hebben.'

'Ja,' zei Jo plichtsgetrouw.

'Hoe dan ook, jij hebt vanaf nu een prachtig leven. Jullie van buiten hebben altijd geluk.'

'Dat zou best kunnen,' stemde Jo aarzelend in.

Als ze in het pension was gebleven, zouden ze nu waarschijnlijk canasta hebben gespeeld in de kantine of iemand had misschien een nieuwe plaat gekocht. Ze zouden de avondkrant hebben ingekeken, zuchtend de prijzen van de kamers hebben gezien, zich hebben afgevraagd of ze naar de film zouden gaan en hebben geklaagd over het eten. Ze zouden hebben gekletst en eindeloos thee of flesjes coke uit de automaat hebben gedronken. Er zouden geen vier muren zijn geweest zoals nu.

Ze had onderweg naar huis een hamburger gekocht en die opgegeten. Ze waste haar panty, legde de nieuwe lakens op het bed en hing haar nieuwe handdoek in de badkamer op de derde haak. Op de andere haken stond een N en een P. Ze pakte haar schrijfmap, maar bedacht toen dat ze vrijdag al naar huis had geschreven, vlak nadat ze de kamer had gevonden. Ze had niets nieuws te vertellen. De avond lag als een zwart gat voor haar. En dan kwamen dinsdag en woensdag en donderdag nog... Tranen sprongen in haar ogen en druppelden op haar schoot toen ze op het voeteneind van haar bed ging zitten. Ze moest echt vreselijk zijn, omdat ze geen vriendinnen had, nergens naartoe kon en niets te doen had. Andere meisjes van achttien amuseerden zich eindeloos. Toen zij zeventien was had zij het ook geweldig gehad met school en met plannen maken voor als ze achttien was. En kijk nou, ze zat hier helemaal alleen. Zelfs de meisjes die met haar de flat deelden, wilden niets met haar te maken hebben. Ze kon niet ophouden met huilen. Toen kreeg ze hoofdpijn, dus pakte ze twee aspirines en stapte in bed. Het is echt fantastisch om volwassen te zijn, dacht ze, toen ze om negen uur het licht uit deed.

Er stond een J op de haak van haar handdoek, haar naam stond op haar plank in de badkamer en haar lege plank in de keuken vertoonde ook een JO. Ze keek naar de andere twee planken. Op die van Nessa stonden cornflakes, een pak suiker en een heleboel blikjes soep. De plank van Pauline bevatte een blik koekjes en een tiental blikjes met partjes grapefruit.

De keuken was keurig netjes. Nessa had de eerste dag al gezegd dat ze nooit afwas lieten staan en als je een braadpan gebruikte, moest je die meteen schuren en niet tot de volgende dag laten weken. Toen ze dat allemaal had gezegd, had het heel leuk geleken, omdat Jo zich in gedachten een voorstelling had gemaakt van middernachtelijke eetfestijnen als ze alle drie samen zaten te lachen en te feesten. Dat deden mensen toch, verdorie? Ze moest bij twee kluizenaars zijn ingetrokken. Dat was haar probleem.

Pauline kwam geeuwend de keuken in en opende een blikje grapefruit. 'Volgens mij zou ik nooit wakker worden als ik deze niet had,' zei ze. 'Ik pak elke dag een half blikje en twee koekjes als ontbijt en dan kan ik alles weer aan.'

Jo was blij dat er iets tegen haar werd gezegd.

'Is je kennis er?' vroeg ze in een poging een moderne en vlotte indruk te maken.

'Welke kennis?' Pauline geeuwde en begon de grapefruit uit het blikje in een kommetje te scheppen.

'Nou je weet wel, die kennis van een paar avonden geleden?'

'Nessa?' Pauline keek haar vragend aan. 'Je bedoelt Nessa toch niet?'

'Nee, die jongen met dat jack met al die kopspijkers. Ik kwam hem hier in de keuken tegen.'

'O, Shane.'

'Shane. Zo heette hij.'

'Ja, wat is er met hem? Wat zei je ook al weer?'

'Ik vroeg of hij hier was.'

'Hier? Nu? Waarom zou hij hier zijn?' Pauline duwde haar roze haren uit haar ogen en keek op haar horloge. 'Jemig, het is pas tien over half acht in de ochtend, waarom zou hij hier zijn?' Ze keek gejaagd om zich heen in de keuken alsof de man met het leren spijkerjack van achter het gasfornuis te voorschijn zou springen. Jo had het idee dat het gesprek de verkeerde kant op ging.

'Ik vroeg gewoon belangstellend of hij er nog was, meer niet.'

'Maar waarom zou hij hier in hemelsnaam nog zijn? Ik ben zondagavond met hem uit geweest. Zóndag. Het is nu toch dinsdagochtend? Waarom zou hij hier zijn?' Pauline keek verbaasd en bezorgd en Jo wenste dat ze haar mond had gehouden.

'Ik dacht alleen dat hij je vriend was...'

'Nee, dat is hij niet en als hij dat was, dan zou hij me niet om tien over half acht 's ochtends de oren van mijn hoofd moeten kletsen, laat ik je dat wel vertellen! Ik begrijp niet hoe iemand 's ochtends kan praten. Echt niet.'

Jo dronk zwijgend haar thee op.

'Tot kijk,' zei Pauline toen ze haar koekjes en haar grapefruit op had en snel in de badkamer verdween.

Jo bedankte Nessa voor het schilderen van haar naam. Nessa was daar blij mee. 'Ik doe het graag. Het geeft me het idee dat er orde in de wereld is. Het benoemt de dingen en dat geeft me een goed gevoel.'

'Natuurlijk,' zei Jo. Ze wilde Nessa net vragen wat ze die avond deed, toen ze aan het fiasco van gisteren dacht. Ze besloot om het dit keer anders in te kleden.

'Ga je vanavond uit met je vriendinnen?' vroeg ze bedeesd.

'Misschien wel, misschien niet, het is altijd moeilijk om dat 's ochtends te zeggen, hè?'

'Inderdaad,' zei Jo allesbehalve waarheidsgetrouw. Het werd steeds gemakkelijker om dat 's ochtends te zeggen, dacht ze. Het antwoord klonk luid en duidelijk als ze zichzelf vroeg wat ze 's avonds ging doen. Het antwoord was Niets.

'Nou, ik ben ervandoor. Tot ziens,' zei ze tegen Nessa.

Nessa keek op en glimlachte. 'Da-ag,' zei ze afwezig alsof Jo de postbode was geweest of de man die in de straat melk rondbracht.

Op donderdagavond liep Jo naar beneden om de telefoon aan te pakken. Het was zoals altijd voor een van de verpleegsters op de begane grond. Aarzelend klopte ze op hun deur. De grote blonde verpleegster bedankte haar en toen Jo de trap weer op liep, hoorde ze het meisje zeggen: 'Nee, het was een van de lui uit de flats boven. Er zijn boven drie flats en we gebruiken allemaal dezelfde telefoon.'

Dát was het! Daar had ze niet aan gedacht. Ze deelde geen flat met twee andere meisjes, ze had een eigen flat. Waarom was dat niet tot haar doorgedrongen? Ze had helemaal haar eigen zitslaapkamer met alleen gezamenlijk gebruik van keuken en badkamer, zoals het in een advertentie zou staan. Dat had ze verkeerd begrepen. Ze had gedacht dat ze deel ging uitmaken van een gezellig meidenhuis. Daarom was ze zo neerslachtig geweest. In gedachten liep ze het hele gesprek nog eens door dat ze op de eerste dag met Nessa had gehad; ze herinnerde zich wat ze hadden gezegd over het verdelen van de flat in zitslaapkamers zonder iets tegen de huisbaas te zeggen; je had er niets aan om iets tegen een huisbaas te zeggen, gewoon de huur betalen en uit zijn hun buurt blijven.

Haar stap was nu veel veerkrachtiger. Ik ben in Dublin en sta helemaal op mezelf, dacht ze. Ik heb mijn eigen huis en ik ga nu mijn eigen leven leiden. Ze hoefde zich nu ook geen zorgen meer te maken over het onzedelijke gedrag van Pauline. Als Pauline een ruige knul mee haar huis wilde nemen die allemaal spijkers in zijn jack had, dan moest Pauline dat weten. Ze was gewoon haar buurvrouw. Dat had Pauline ook bedoeld toen ze zei dat Nessa naast haar woonde. En daarom wilde Nessa ook op alles en nog wat een naam hebben. Geen wonder dat ze nogal verbaasd waren geweest toen ze maar bleef vragen wat ze 's avonds deden; ze moesten hebben gedacht dat ze gek was.

Voor het eerst sinds zondag voelde Jo zich gelukkig. Ze maakte zich op met oogschaduw en mascara, ze bracht wat kleur op haar wangen en deed haar grote oorringen in. Ze wist niet waar ze heen ging, maar besloot er een vrolijk uitje van te maken. Ze keek om zich heen in haar kamer en vond die veel leuker. Ze zou wat posters kopen voor aan de muur en ze zou haar moeder vragen of ze wat prullaria van thuis mee mocht nemen. De planken in de keuken stonden propvol met spulletjes en haar moeder zou het helemaal niet erg vinden als een paar daarvan een nieuw tehuis kregen. Vrolijk neuriënd liep ze de deur uit.

Ze zwaaide met haar schoudertas en voelde zich geweldig. Ze had medelijden met haar zussen die nu in het hotel aan het eind van hun late dienst waren. Ze had medelijden met de meisjes die nog in een pension moesten logeren omdat ze nog geen eigen woonruimte hadden kunnen vinden. Ze had medelijden met Jacinta die thuis moest wonen en die door haar vader en moeder werd uitgehoord over waar ze heen ging en wat ze deed. Ze had medelijden met mensen die geen eigen televisie hadden. Stel dat jij naar een bepaald programma wilde kijken en zij wilden iets anders zien? Hoe kwam je daar uit? Ze was zo opgetogen dat ze bijna het café voorbij was gelopen waar stond aangeplakt: 'Vanavond – de Great Gaels.'

Stel je voor, de Great Gaels waren daar in eigen persoon. Entree één pond. Als ze een pond betaalde, zou ze hen van dichtbij kunnen zien. Tot nu toe had ze hen alleen maar op de televisie gezien.

Zo'n vier jaar geleden, toen ze nog niet beroemd waren, hadden ze opgetreden in de Fleadh in Ennis. Ze had wel degelijk een aankondiging gezien dat ze in dit café zouden optreden en nu stond ze voor de deur. Jo voelde haar hart bonzen. Was dit iets wat je alleen kon doen? Naar een concert in een café gaan? Waarschijnlijk was het iets waar mensen in groepen naartoe gingen; ze zou misschien een vreemde indruk maken. Misschien was er geen zitplaats voor een persoon alleen. Misschien waren er alleen tafeltjes voor groepen.

Maar ze werd overspoeld door een golf van dapperheid. Ze was een jonge vrouw die in haar eigen flat in Dublin woonde, ze had haar eigen huis en, verdorie, als ze dat kon, dan kon ze ook alleen een café binnenstappen om de Great Gaels te horen zingen. Ze duwde de deur open.

Binnen zat een man achter een balie die haar een kaartje voor de garderobe gaf en haar geld aanpakte.

'Waar kan ik naartoe?' fluisterde ze bijna.

'Waarvoor?' vroeg hij.

'U weet wel. Waar moet ik precies naartoe?' vroeg ze. Het leek haar een gewoon café zonder podium, maar misschien traden de Great Gaels boven op.

De man nam aan dat ze het toilet zocht. 'Ik geloof dat het daarginds is bij die andere deur. Ja, daar is het naast de Heren.' Hij wees naar de andere kant van het vertrek.

Met een diepe blos bedankte ze hem. Voor het geval dat hij nog naar haar keek, leek het haar beter om naar de Dames te gaan. In de toiletruimte bekeek ze haar gezicht. Thuis in haar flat had het er goed uitgezien. Hier zag het er wat saai uit, zonder karakter, kleurloos. Bij het gedempte licht deed ze veel meer make-up op en liep naar buiten om uit te zoeken waar het concert zou worden gehouden.

Ze zag twee vrouwen bij elkaar zitten. Zo te zien kon ze het hun veilig vragen. Ze vertelden haar met iets van verbazing dat het concert in het café zou worden gegeven, maar dat het nog wel een uur kon duren.

'Wat moeten we tot die tijd doen?' vroeg ze.

Ze lachten. 'Volgens mij zou je misschien iets kunnen drinken, het is tenslotte een café,' zei één van hen, waarna ze terugkeerden naar hun gesprek. Ze voelde zich erg dom. Ze wilde niet naar buiten lopen om later terug te komen, omdat ze dan misschien weer moest betalen. Ze wilde maar dat ze een krant of een boek had meegenomen. Iedereen scheen verder te praten.

Ze had de indruk dat ze er een heel lange tijd zat. Twee keer vroeg de kelner of ze nog iets wilde drinken, terwijl hij met een vochtige lap om haar glas jus d'orange veegde waar ze zolang mogelijk mee probeerde te doen. Ze wilde niet te veel geld uitgeven; een pond was eigenlijk al meer dan genoeg.

Toen kwamen er mensen die microfoons begonnen op te stellen en ineens werd het ook drukker. Ze werd naar het eind van de bank geduwd en zag dat de Great Gaels bier stonden te drinken aan de bar alsof ze gewone bezoekers waren. Was Dublin niet fantastisch? Je kon een café binnen wandelen en er iets drinken in hetzelfde vertrek als de Great Gaels. Thuis zouden ze dat nooit geloven.

De eerste zanger van de Great Gaels tikte op de microfoon en testte die door te zeggen: 'Eh een, eh twee, eh drie...' Iedereen lachte en ging zitten achter een vol glas.

'Allemaal luisteren alsjeblieft. We willen niet dat iemand met een leeg glas zo meteen opstaat en ons stoort,' zei hij.

'Maak je daar maar geen zorgen om,' riep iemand.

'Goed, kijk om je heen. Als je iemand ziet die misschien wat onrustig zou kunnen worden, vul dan zijn glas bij.'

Twee mannen naast Jo keken afkeurend naar haar glas. 'Wat zit daarin, juffie?' vroeg een van hen.

'Jus d'orange, maar dat maakt niet uit. Ik zal niet opstaan en ze storen,' zei ze. Ze vond het allesbehalve leuk dat ze in het middelpunt van de belangstelling stond.

'Grote gin met jus voor de dame,' zei een man.

'O nee,' riep Jo, 'geen gin...'

'Neem me niet kwalijk. Grote wodka met jus voor de dame,' verbeterde hij.

'Goed,' zei de kelner en Jo had het gevoel dat hij haar afkeurend bekeek.

Toen haar glas kwam, pakte ze haar beurs.

'Laat zitten, ik trakteer,' zei de man.

'O, maar dat kunt u niet doen,' zei ze.

Zo te zien betaalde hij er een fortuin voor. Jo keek zenuwachtig in haar glas.

'Dat was erg duur, hè?' zei ze.

'Nou, dat was dan mijn pech, je had ook bier kunnen drinken,' zei hij met een glimlach tegen haar. Hij was erg oud, ver in de dertig en zijn vriend was ongeveer even oud.

Jo wilde maar dat ze geen drankje van hen had gekregen. Het was niets voor haar om drankjes aan te nemen. Zou zij het volgende rondje aanbieden? Zouden ze het accepteren of zouden ze het nog erger maken door haar weer een rondje te geven? Misschien moest ze dit glas gewoon accepteren en dan wat bij hen uit de buurt schuiven. Maar was dat niet erg grof? Trouwens nu de Great Gaels op het punt stonden te beginnen, zou ze niet met hen hoeven te praten.

'Heel erg bedankt,' zei ze en schonk de jus d'orange bij de grote wodka. 'Het is heel aardig, te gek eigenlijk.'

'Hejemaaj niet,' zei de man met een hemd dat aan de hals open stond.

'Gjaag gedaan,' zei de andere man.

Toen pas besefte ze dat ze allebei behoorlijk dronken waren.

De Great Gaels waren begonnen, maar Jo kon er niet van genieten. Ze wist dat dit een geweldige avond had moeten zijn met de populairste zangers van Ierland op slechts drie meter afstand in een leuk, gezellig café en een gekregen drankje in haar hand. Wat kon een meisje nog meer wensen? Maar vervelend genoeg was de man met het open hemd zo gaan zitten dat zijn arm op de rugleuning van haar stoel lag en van tijd tot tijd kwam die om haar schouder. Zijn vriend tikte met zijn voet zo driftig mee op de maat van de muziek dat hij een groot gedeelte van zijn bier al op de grond had gemorst. Jo hoopte van harte dat ze geen toestanden zouden maken en als ze dat wel deden dat dan niemand zou denken dat ze bij haar hoorden.

Ze had een hekel aan dronkelappen sinds die keer dat haar oom Jim de lamsbout had gepakt en die in het vuur had gesmeten omdat iemand hem kwaad had gemaakt toen ze allemaal waren uitgenodigd op het diner. De avond was geëindigd in een puinhoop en toen ze naar huis waren gegaan, had haar vader gezegd dat drank een goede dienaar maar een wrede meester was. Haar vader had gezegd dat oom Jim twee personen was, de ene dronken en de andere nuchter, en een groter verschil was niet denkbaar. Haar vader had gezegd dat het maar een geluk was dat de zwakheid van oom Jim niet merkbaar was bij de rest van de familie en haar moeder was erg van streek geweest en ze had gezegd dat ze allemaal hadden gedacht dat Jim genezen was.

Soms vertelden haar zussen vreselijke dingen die mensen in het hotel hadden gedaan als ze dronken waren. Dronkenschap was beangstigend en onbekend. En nu was ze erin geslaagd in een hoek te belanden met de arm van een dronkaard om haar heen.

De Great Gaels speelden toegift na toegift en stopten pas tegen sluitingstijd. Jo had inmiddels een tweede grote wodka met jus d'orange gekregen van de vriend van de man met het open hemd en toen ze had geprobeerd te weigeren, had hij gezegd: 'Je hebt er ook een van Gerry aangepakt – wat is er mis met die van mij?'

Ze was zo geschrokken van zijn houding, dat ze haar glas snel had leeggedronken.

De Great Gaels waren hun laatste plaat aan het verkopen waar ze dan tegelijk hun handtekeningen op zetten. Ze had er graag een gekocht als herinnering aan deze avond waarop ze vlak naast hen had gestaan, maar het zou haar ook herinneren aan Gerry en Christy en aan de enorme wodka's waardoor haar benen zo vreemd deden en aan het vreselijke feit dat de avond nog niet voorbij was.

'Ik heb geprobeerd voor jullie een rondje te bestellen om jullie te bedanken voor alles wat ik van jullie heb gekregen, maar de man achter de bar zei dat het na sluitingstijd was,' zei ze zenuwachtig.

'Is dat zo?' zei Gerry. 'Dat is geen best nieuws.'

'Stel je voor, het meisje heeft geen kans gehad om ons een rondje te geven,' ze Christy.

'Dat is jammer,' zei Gerry.

'Heel jammer,' zei Christy.

'Misschien kan ik op een andere avond met jullie afspreken om dan een rondje te geven?' Ze keek bezorgd van de een naar de ander. 'Is dat goed?'

'Dat is heel goed, dat is uitstekend,' zei Gerry.

'Maar het zou nog beter zijn,' zei Christy, 'als je ons vroeg om bij jouw thuis een kop koffie te drinken.'

'Misschien woont het meisje bij haar pa en ma,' zei Gerry.

'Nee, ik woon op mezelf,' zei Jo trots en meteen had ze haar tong wel af kunnen bijten.

'Kijk eens aan,' zei Gerry vrolijk. 'Dat zou een aardige manier zijn om de avond af te sluiten.'

'Ik heb alleen niets te drinken, geen bier...'

'Dat maakt niet uit, wij hebben nog wel iets om in de koffie te doen.' Gerry worstelde zich in zijn jas.

'Woon je ver uit de buurt?' vroeg Christy.

'Zo'n tien minuten lopen.' Haar stem kwam nauwelijks boven een gefluister uit. Nu ze hun had laten weten dat de kust vrij was, kon ze geen manier meer bedenken om ze tegen te houden. 'Het zijn wel tien, vrij lange minuten,' zei ze.

'Van een lekkere wandeling wordt ons hoofd helderder,' zei Christy.

'Net wat we nodig hebben,' zei Gerry.

Zouden ze haar verkrachten? vroeg ze zich af. Zouden ze denken dat ze hen daarom mee vroeg – zodat ze seks met allebei kon hebben? Waarschijnlijk wel. En als ze dan weerstand bood, zouden ze zeggen dat ze hen alleen maar verleidde en dan zouden ze met alle geweld hun gang willen gaan met haar. Was ze nou echt hartstikke gek? Ze schraapte haar keel.

'Denk eraan, alleen koffie en verder niets,' zei ze op de toon van een schoolfrik.

'Natuurlijk, prima, dat zei je toch?' zei Christy. 'Ik heb een paar slokken whiskey in mijn zak. Dat heb ik je verteld.'

Ze liepen over straat. Jo voelde zich ellendig. Hoe was ze hierin verzeild geraakt? Ze wist natuurlijk dat ze op de helder verlichte straat kon blijven staan om tegen hen te zeggen: 'Het spijt me, ik heb me bedacht, ik moet morgenochtend vroeg op.' Ze kon natuurlijk zeggen: 'Hemeltje, ik was vergeten dat mijn moeder vanavond zou komen, dat was ik helemaal vergeten. Ze zal het niet leuk vinden als ik mensen mee naar huis neem, terwijl zij ligt te slapen.' Ze kon natuurlijk zeggen dat de huisbaas het niet goed vond dat ze bezoek kreeg. Maar ze had het gevoel dat er meer moed voor nodig was om dat soort dingen te zeggen dan om maar door te sukkelen en te kijken wat er ging gebeuren.

Gerry en Christy waren vrolijk. Ze maakten danspasjes op enkele van de liedjes die ze zongen en lieten haar een refrein meezingen van het laatste lied dat de Great Gaels hadden gezongen. Mensen op straat keken glimlachend naar hen. Jo had zich nog nooit in haar leven zo ellendig gevoeld.

Bij de deur vroeg ze hen stil te doen. En dat deden ze op een overdreven manier door hun vingers tegen hun lippen te leggen en 'Ssst' tegen elkaar te zeggen. Ze liet hen binnen en ze liepen de trap op. Alstublieft, alstublieft God, laat Nessa en Pauline niet in de keuken zijn. Ze zijn er geen enkele avond geweest, dus laat ze er vanavond ook niet zijn.

Maar ze waren er allebei. Nessa in een ochtendjas en Pauline die een grote zwarte waterdichte cape had omgeslagen; ze was kennelijk haar haren aan het kleuren en wilde niet dat er iets van de verf op haar kleren terechtkwam.

Jo zei 'Goedenavond' met een stroeve glimlach en probeerde de twee mannen langs de deur te manoeuvreren.

'Nog meer leuke meisjes, nog meer leuke meisjes,' ze Gerry opgetogen. 'Je zei dat je alleen woonde.'

'Ik woon ook alleen,' zei Jo snibbig. 'Dit zijn mijn buurmeisjes. We delen de keuken.'

'Ik begrijp het,' zei Pauline op verongelijkte toon. 'Gedegradeerd.'

Jo was niet in de stemming om het uit te leggen. Als ze die twee dronkelappen haar eigen kamer maar in kon krijgen.

'Wat ben je aan het doen, is dat een feestkostuum?' vroeg Christy aan Pauline.

'Nee, dat is geen feestkostuum, wijsneus, daar ga ik mee naar bed – ik slaap altijd in een zwarte regencape,' zei Pauline en op Jo na gierde iedereen van het lachen.

'Ik wilde alleen wat koffie voor ons zetten,' zei Jo scherp, terwijl ze drie mokken pakte waarop BEZOEKER stond geschilderd. Gerry vond de mokken het grappigste wat hij ooit had gezien.

'Waarom heb je er BEZOEKER op gezet?' vroeg hij aan Jo.

'Ik heb er geen idee van,' zei Jo. 'Vraag het maar aan Nessa.'

'Om jullie eraan te laten denken dat jullie op bezoek zijn en hier niet intrekken,' zei Nessa. Dat vonden ze ook allemaal erg grappig.

'Als jullie liever naar mijn slaapkamer – ik bedoel mijn flat – gaan, dan kom ik zo met de koffie,' zei Jo.

'Het is verrekte leuk hier,' zei Christy die zijn flesje uit zijn heupzak haalde.

Nessa en Pauline pakten meteen hun mokken. In een mum van tijd waren ze allemaal vrienden. Christy haalde een stuk papier te voorschijn waarop hij Christy en Gerry schreef en ze plakten hun namen op hun mokken – dan hadden ze meer het gevoel dat ze erbij hoorden, zei hij. Jo had het gevoel dat de wodka en de warmte en de spanning te veel voor haar waren geweest. Ze kwam wankelend overeind en strompelde naar de badkamer. Ze voelde zich daarna zo slap dat ze het niet meer op kon brengen om terug te keren naar de keuken. Ze ging naar de ellende van haar bed waar ze vergetelheid vond.

's Ochtends voelde ze zich vreselijk. Ze kon zich niet indenken waarom mensen als oom Jim zo graag dronken. Drinken maakte andere mensen belachelijk en je werd er misselijk van, dus hoe kon iemand dat lekker vinden? Langzaam, als in een vertraagde opname, kwamen de gebeurtenissen van de avond ervoor naar boven en haar wangen werden rood van schaamte. Ze zouden haar waarschijnlijk vragen om te vertrekken. Stel je voor, ze was thuis gekomen met twee dronkaards en daarna had ze hen in de keuken laten zitten, terwijl zij was verdwenen omdat ze misselijk was. God mocht weten wie die twee mannen, Gerry en Christy, waren. Ze hadden wel inbrekers kunnen zijn... Jo zat ineens rechtop in bed. Of denk je eens in dat toen zij was verdwenen... denk je eens in dat ze Nessa en Pauline hadden aangevallen?

Ze sprong uit bed zonder te letten op de pijn in haar hoofd en de krampen in haar maag en rende de deur uit. De keuken was even netjes als altijd: alle mokken waren afgewassen en hingen aan hun haken. De kamer van Pauline was net als altijd: enorme posters aan de muur en een lange kledingrail zoals je die ook in een kledingzaak ziet, waaraan Pauline al haar spullen hing. Nessa's kamer was om door een ringetje te halen: gehaakte katoenen sprei, commode met daarop keurig gerangschikte fotolijstjes; boekenplankje aan de muur met een twintigtal pockets. In beide kamers geen teken van verkrachting of worsteling.

Jo keek op haar horloge; ze zou te laat op haar werk komen en de anderen waren kennelijk al een eeuwigheid geleden vertrokken. Maar waarom hadden ze geen briefje voor haar achtergelaten? Geen verklaring? Of een briefje waarmee ze haar om een verklaring vroegen?

Jo liep schuifelend naar haar werk, naar de uitbrander die haar wachtte, omdat ze bijna drie kwartier te laat was. Jacinta zei op een gegeven moment tegen haar dat ze er behoorlijk belabberd uitzag.

'Ik voel me ook behoorlijk belabberd. Ik geloof dat ik mijn eerste kater heb.'

'Bof jij even,' zei Jacinta jaloers. 'Ik krijg nooit de kans om iets te doen waarvan ik zelfs maar een kleine kater krijg.'

Ze was bang om naar huis te gaan. Steeds weer repeteerde ze haar verontschuldigingen. Ze zou het op de drank gooien. Of zou dat het erger maken? Zouden ze haar nog vreselijker vinden als ze dachten dat ze gisteravond zo dronken was geweest dat ze niet meer wist wat ze deed? Zou ze zeggen dat ze die mannen had leren kennen via een vriend en dat ze dus had gedacht dat ze fatsoenlijk waren en dat ze pas had ontdekt dat ze dat niet waren toen het te laat was? Wat moest ze zeggen? Gewoon dat het haar speet.

Ze waren er geen van beiden. Ze wachtte een eeuwigheid, maar ze kwamen niet thuis. Ze schreef een briefje dat ze op de keukentafel liet liggen. 'Het spijt me heel erg van gisteravond. Maak me alsjeblieft wakker als jullie thuiskomen, dan zal ik proberen het jullie uit te leggen. Jo.'

Maar niemand wekte haar en toen ze wakker werd, was het zaterdagochtend. Haar briefje lag nog op de tafel. Ze hadden niet de moeite genomen om haar wakker te maken. Ze was zo verfoeilijk dat ze er niet eens over wilden praten.

Net als elke ochtend zette ze een kop thee en kroop weer in bed. Pas tegen de middag begreep ze dat ze geen van beiden in de flat waren. Kennelijk waren ze niet thuis gekomen.

Jo had zich in heel haar leven nog nooit zo ongemakkelijk gevoeld. Er moest een heel normale verklaring voor zijn. Tenslotte was er nooit afgesproken om de anderen te vertellen wat je ging doen. Ze was daar op donderdagavond achter gekomen. Ze leefden allemaal hun eigen leven. Maar wat kon er zijn gebeurd waardoor ze waren verdwenen? Jo zei tegen zichzelf dat ze zich aanstelde. Nessa woonde in Waterford, dat wil zeggen haar familie woonde daar, dus was ze waarschijnlijk een weekend naar huis. Pauline kwam ook ergens uit de provincie. Dat moest wel, anders zou ze geen kamer hebben. Waarschijnlijk was ook zij naar huis.

Het was gewoon toeval dat ze op hetzelfde weekend waren gegaan. En het was ook gewoon toeval dat ze waren vertrokken na het bezoek van die twee dronkelappen.

Jo stond op en ging weer zitten. Natuurlijk moesten ze thuis zijn bij hun familie. Wat haalde ze zich in haar hoofd. Kom op, stop het niet weg, waar ben je bang voor? zei ze tegen zichzelf. Dat die twee onschuldig ogende sukkels die wat te veel hadden gedronken, twee sterke meiden als Pauline en Nessa hadden ontvoerd? Kom nou! Ja, het was bespottelijk, het was absurd. Wat hadden ze gedaan? Hadden ze de meisjes onder schot gehouden terwijl die de flat opruimden, om ze daarna in een bestelauto te stoppen en weg te rijden?

Jo had al vaak te horen gekregen dat ze een levendige verbeelding had. Het was iets waaraan ze nu helemaal geen behoefte had, maar dat haar bleef plagen. Ze was niet in staat haar zorgen uit haar hoofd te zetten. Er bleven beelden komen van Christy die Nessa een klap gaf en van Gerry die Pauline wurgde. En de zin 'Er moet iets mis zijn, anders zouden ze een briefje voor me hebben achtergelaten,' bleef maar door haar hoofd spelen.

Het was haar vierde zaterdag in Dublin. De eerste had ze besteed aan het uitpakken van haar koffer en het wennen aan het pension; de tweede was opgegaan aan het bekijken van kamers die te duur waren, te ver van haar werk lagen en al in beslag waren genomen door andere mensen; de derde had ze zich overgeven aan het heerlijke gevoel dat ze Nessa en Pauline had gevonden; en nu op deze vierde zaterdag waren Nessa en Pauline waarschijnlijk beestachtig verkracht en vermoord door twee dronken mannen die zij mee naar de flat had genomen. Hoe kon ze dat aan iemand uitleggen? 'Nou, kijk, het zat zo, agent. In het café had ik twee dubbele wodka's gedronken die ik van die mannen had gekregen en toen we thuis kwamen – o ja, agent, ik heb ze mee naar huis genomen, waarom niet? Nou, toen we thuis kwamen schonken ze whiskey in onze koffie en voordat ik wist wat er gebeurde, was ik buiten westen en toen ik wakker werd waren de meisjes met wie ik de flat deel, verdwenen en ze kwamen maar niet terug. Niemand heeft ze ooit nog gezien.'

Jo huilde en huilde. Ze moesten voor het weekend naar huis zijn gegaan. Dat deden mensen. Ze had niet zo lang geleden een groot artikel in de krant gelezen over die lui die kapitalen verdienden met het naar huis rijden van mensen in een busje; kennelijk misten een massa meisjes uit de provincie in het weekend het plezier van thuis. Ze moesten met een busje mee zijn gegaan. Alstublieft, alstublieft, Heilige Judas Thaddeus, laat ze met een busje zijn meegegaan. Als ze met een busje zijn meegegaan, Heilige Judas Thaddeus, zal ik mijn hele leven lang nooit meer iets slechts doen. Meer nog. Veel meer. Als ze echt veilig zijn en gisteren met een busje zijn meegegaan, Heilige Judas Thaddeus, zal ik iedereen over u vertellen. Ik zal een advertentie in de twee avondkranten zetten – en ook in de drie ochtendkranten, als dat niet te duur is. Ze zou de naam van de Heilige Judas Thaddeus terloops laten vallen in gesprekken met mensen en ze zou zeggen dat hij geweldig was in een crisissituatie. Ze zou de hele crisis natuurlijk niet tot in de details beschrijven. O, lieve God, zeg het me, moet ik naar de politie gaan? Moest ze aangifte doen of maakte ze zich belachelijk druk om niets? Zouden Pauline en Nessa woedend worden als de politie contact opnam met thuis? God, denk je eens in dat ze waren weggegaan met een stel knullen of zoiets? Stel je voor dat de politie hun familie belde? Ze zou het hele land voor niets in rep en roer brengen.

Maar als ze niet naar de politie ging en er was iets gebeurd, omdat zij die dronken kerels mee naar huis had genomen... Nog geen week nadat die non in het pension had gezegd dat Dublin een erg slechte stad was, had zij, Josephine Margaret Assumpta O'Brien, twee dronken mannen gevraagd binnen te komen en nu waren haar twee medebewoonsters, onschuldige meisjes die niets hadden gedaan om die mannen te verleiden, verdwenen zonder een spoor achter te laten...

Ze had die dag niets om te eten. Met haar armen om zich heen geslagen liep ze rond en bleef bij het minste geluid staan voor het geval dat het een sleutel was die in het slot werd gestoken. Toen het donker begon te worden dacht ze eraan dat de mannen hun naam op een stukje papier hadden geschreven. Ze konden ze hebben meegenomen, maar misschien lagen ze in de afvalemmer. Ja, daar waren ze, Christy en Gerry, gekrabbeld op een papiertje met stukjes plakband eraan. Jo haalde ze er met een vork uit, voor het geval er nog vingerafdrukken op zaten. Ze legde ze op de keukentafel en bad een tiental weesgegroetjes.

Buiten liepen mensen over straat als op elke normale zaterdagavond. Was het pas de vorige zaterdag dat ze met Josie en Helen, die twee aardige meisjes uit het pension, naar de film was geweest? Waarom was ze daar niet gebleven? Het was vreselijk geweest sinds ze was vertrokken. Het was beangstigend en zorgwekkend geweest en met de dag erger geworden tot... tot dít.

Er was niemand met wie ze kon praten. Als ze haar zus in het hotel eens belde... Dymphna zou woedend op haar zijn en meteen reageren met: 'Kom onmiddellijk naar huis, wat doe je ook helemaal alleen in Dublin, iedereen wist dat je het niet aankon.' En de verleiding om weg te rennen was groot. Hoe laat ging de avondtrein naar Limerick? Of morgenochtend? Maar ze wilde niet naar huis en ze wilde niet met Dymphna praten en ze kon de hele zaak ook niet beneden in de gang door de telefoon uitleggen, want dan zouden de mensen in de flat beneden het kunnen horen. De mensen in de flat beneden! Dat was het!

Ze was halverwege de trap, toen ze bleef staan. Stel dat er niets aan de hand was en stel dat de Heilige Judas Thaddeus ze op een busje naar huis had laten stappen, zouden Nessa en Pauline dan niet kwaad zijn als zij bij de drie verpleegsters beneden alarm had geslagen? Ze hadden gezegd dat ze erg op zichzelf bleven; er was niets mis met de verpleegsters, maar het was niet nodig om te veel met hen te maken te krijgen. Als ze nu aanbelde en haar vermoeden dat Nessa en Pauline waren ontvoerd en mishandeld, wereldkundig maakte, zou ze zeker met hen te maken krijgen.

Ze liep de trap weer op. Was er iets dat de verpleegsters konden doen wat zij niet kon? Antwoord: Nee.

Net op dat ogenblik kwam de grote blonde verpleegster naar buiten die ze eerder had gesproken. 'Hé, ik wilde net naar boven komen.'

'O ja, wat is er aan de hand?' vroeg Jo.

'Er is niets aan de hand, helemaal niets. We hebben vanavond een feestje en we wilden alleen maar vragen of jullie wilden komen. Het begint om... nou ja, als de cafés sluiten.'

'Dat is erg aardig van jullie. Ik geloof niet...'

'Nou, we wilden alleen maar zeggen, dat het misschien wat lawaaierig is, maar jullie zijn van harte welkom. Als jullie een fles konden meebrengen, zou dat prettig zijn.'

'Een fles?' vroeg Jo.

'Nou, het hoeft niet, maar een flesje wijn zou niet ongelegen komen.' De verpleegster wilde langs haar de trap op lopen.

'Waar ga je heen?' vroeg Jo geschrokken.

'Dat zei ik net, de meisjes uit de andere flats vragen of zij ook willen komen...'

'Die zijn er niet, ze zijn niet thuis, ze zijn weggegaan.'
'O, nou misschien is dat maar beter ook,' zei het meisje schouderophalend. 'Ik heb gedaan wat ik moest doen. Ze kunnen niet zeggen dat ze niet zijn gevraagd.'
'Luister,' zei Jo dringend, 'hoe heet jij?'
'Phyllis,' zei ze.
'Phyllis, luister, gaan de meisjes boven vaak weg?'
'Wat?'
'Ik bedoel, ik ben hier nieuw, gaan ze in het weekeind naar huis of zo?'
'Daar vraag je me wat. Ik ken ze nauwelijks. Als je het mij vraagt is die punk een beetje vreemd, niet helemaal goed snik.'
'Maar gaan ze in het weekeind weg of zo? Alsjeblieft, het is belangrijk.'
'Het is me eerlijk gezegd nooit opgevallen. Ik heb nogal vaak nachtdienst en dan weet ik niet waar ik ben en of mensen komen of gaan. Het spijt me.'
'Zou een van de anderen in jouw flat het weten?'
'Ik denk het niet. Hoezo? Is er iets mis?'
'Nee, dat verwacht ik niet. Ik had alleen niet verwacht dat ze weg zouden gaan en dat hebben ze schijnbaar wel gedaan. Ik vroeg me gewoon af of... nou ja, of alles in orde was.'
'Waarom zou het dat niet zijn?'
'Het is alleen dat ze donderdag in gezelschap waren van een paar nogal, nou ja, onbetrouwbare lui.'
'Dan hadden ze geluk dat ze alleen op donderdag in gezelschap waren van onbetrouwbare lui, ik ben dat de hele tijd! Maureen zou glazen huren en dat heeft ze niet gedaan, dus moesten we papieren bekertjes kopen die een fortuin hebben gekost.'
Jo begon de trap weer op te lopen.
'Ik zie je nog wel. Hoe heet je trouwens?'
'Jo O'Brien.'
'Goed, kom naar beneden als het hier beneden begint.'
'Bedankt.'

Om twaalf uur was ze wakkerder dan ze ooit midden op de dag was geweest. Ze dacht dat ze even goed naar beneden kon gaan als blijven waar ze was. Heel haar kamer was gevuld met herrie. Van slapen zou niets komen. Ze deed haar zwarte jurk en haar grote oorringen aan om ze meteen weer uit te doen. Stel dat haar huisgenoten in gevaar waren of dood? Hoe kwam ze erbij om zich op te dirken en naar een feest te gaan? Eigenlijk was het niet zo erg om naar een feest te gaan zonder je op te dirken. Ze trok haar grijze rok en haar donkergrijze trui aan en liep naar beneden.

Ze kwam tegelijk aan met vier anderen die op de voordeur hadden staan bonzen. Jo deed open en liet ze binnen.

'Wie ben jij?' vroeg een van de mannen.

'Ik ben eigenlijk van boven,' zei Jo.

'Mooi,' zei de man, 'dan gaan jij en ik naar boven. Ik zie jullie nog wel,' zei hij tegen de anderen.

'Nee, nee, dat kan niet, dat mag niet,' riep Jo.

'Het was een grapje, gekkerd,' zei hij.

'Ze dacht dat je het meende!' De anderen vielen om van het lachen. Toen ging de deur van de benedenflat open en kwam er een stoot hitte en lawaai naar buiten. Er waren ongeveer veertig mensen in de kamers gepropt. Jo wierp een blik om zich heen en wilde weer de trap op hollen, maar ze was te laat. De deur sloeg achter haar dicht en iemand gaf haar een glas warme wijn. Ze zag Phyllis in het midden van alles staan. Haar blonde haren waren hoog opgestoken in een knot en ze droeg een oogverblindende jurk met spaghettibandjes. Jo voelde zich belachelijk en goedkoop: ze zat klem in een groep vrolijk lachende mensen en voelde zich even grijs als haar trui en haar rok.

'Ben jij ook verpleegster?' vroeg een jongen haar.

'Nee, ik werk op het postkantoor.'

'O, kun je dan iets aan de telefoons doen? Weet je dat er geen telefoon is tussen hier en...'

'Ik geef geen zier om telefoons,' zei ze en liet hem staan. Nessa en Pauline waren dood, toegetakeld door dronkaards en zij stond hier met een of andere gek te praten over telefoons.

'Ik wilde gewoon wat kletsen – verrek toch,' riep hij haar gekwetst na.

Niemand hoorde hem in de herrie.

'Wie zijn jouw huisgenoten?' vroeg Jo aan Phyllis.

'Die in de keuken is Maureen en die danst met die man in die astrakan trui is Mary.'

'Bedankt,' zei Jo. Ze liep de keuken in.

'Maureen,' zei ze. Het meisje aan het fornuis keek met een gekweld gezicht op. 'Ik wilde je vragen...'

'Verbrand, allebei. Allebei verdorie verbrand.'

'Wat?'

'Twee schalen met worstjes. Zet ze gewoon in de oven en maak je niet druk, zei Mary. Ik heb ze in de oven gezet en moet je nu zien. Helemaal zwart verbrand. Jezus, weet je hoeveel worstjes er in een kilo gaan? En bij elkaar hadden we tweeënhalve kilo. Ik zei nog tegen haar dat we ze moesten braden. Het hele huis stinkt ernaar als je ze braadt, zei ze. Wat hebben we nou dan, vraag ik je?'

'Ken jij de meisjes van boven?' hield Jo vol.

'Nee, maar Phyllis had ze gevraagd, zei ze. Ze doen toch niet moeilijk, hè? Dat kunnen we er niet bij hebben.'

'Nee, ik woon ook boven, daar gaat het niet om.'

'Goddank. Wat moet ik hiermee doen?'

'Weggooien met schaal en al, zou ik zeggen. Dat krijg je nooit meer schoon.'

'Je hebt gelijk. God, wat een sof. Wat een troep.'

'Luister, ken jij die meisjes? De andere twee, Nessa en Pauline?'

'Alleen van gezicht. Hoezo?'

'Weet je waar ze zijn?'

'Wat? Natuurlijk niet. Als ze hier zijn, zitten ze in de andere kamer te wachten tot ze te eten krijgen, neem ik aan. Of ze denken dat ze wat warms te eten krijgen. Ik maak Mary af, ik maak haar letterlijk af, neem dat van mij aan.'

'Gaan ze normaal in het weekend weg?'

'Lieve hemel, ik weet niet eens of ze in het weekend heen en weer naar de maan gaan. Hoe moet ik dat weten? De ene heeft een hoofd als een vuurtoren en de andere loopt rond met zo'n lettertang en plakt namen op alles wat stil staat... bellen en deuren en alles. Ze zijn wel aardig geloof ik. We hebben nooit veel met ze te maken. Dat is ook maar het beste in een huis met flats, zeg ik altijd.'

Jo liet het erbij. Het leek haar niet waarschijnlijk dat Mary meer zou weten en ze besloot haar gelukkig in de armen van de man in de astrakan trui te laten dansen tot ze het slechte nieuws over de worstjes te horen kreeg.

Een hand pakte haar beet en plotseling was ze zelf aan het dansen. De man was lang en had een leuke glimlach.

'Waar kom jij vandaan, Limerick?'

'Niet ver uit de buurt,' zei ze lachend. De angst nam weer bezit van haar. Hoe kwam ze erbij om te dansen met deze vreemdeling en met hem te kletsen zoals ze thuis misschien op een feest zou hebben gedaan? 'Het spijt me,' zei ze tegen hem, 'het spijt me, ik moet ervandoor. Ik heb iets vreselijks aan mijn hoofd. Ik kan niet blijven.'

Op dat moment ging het keukenraam aan diggelen door een grote steen en glas sprong overal heen. Er werd gegild en geroepen uit de tuin.

'Ik ga de politie bellen, dit lijkt op een heuse knokpartij,' zei de lange jongen en hij schoot de gang op. Jo hoorde hem aan de telefoon. In de keuken riepen mensen elkaar toe voorzichtig te lopen. Een groot stuk glas balanceerde op een kast waar het elk moment vanaf kon vallen.

'Is er iemand gewond? Stop met dat geschreeuw, is er iemand gewond?' Jo herkende de stem van Phyllis en voelde wat opluchting door zich heen stromen. Zij waren tenslotte verpleegster; misschien waren ze het allemaal wel. Zij zouden het beter aankunnen dan gewone mensen. Er waren lui de voordeur uit gerend en in de tuin was een slaande ruzie aan de gang. Twee mannen met een gat in hun hoofd riepen dat ze de steen alleen uit zelfverdediging hadden gegooid. Eerst waren mensen begonnen hen vanuit het raam te bekogelen met dingen. Een van hen bloedde boven zijn oog. Ze hadden de steen alleen gepakt om het spervuur te stoppen dat op hen neerdaalde.

De politie was er erg snel met vier agenten. Ineens was alles anders. Wat eruit had gezien als een feest begon op iets beschamends te lijken. De kamer die vol was geweest met rook, drank, muziek en dansende en kletsende mensen, was nu een vertrek vol gebroken glas en omver gegooide stoelen en mensen die schreeuwend probeerden uit te leggen wat er was gebeurd en mensen die anderen probeerden te troosten of die hun jassen probeerden te pakken om te vertrekken. De buren stonden te kijken en te protesteren: alles was anders.

Het kostte niet veel tijd om de zaak uit te zoeken. De twee mannen in de tuin waren ongenode gasten. Ze hadden geprobeerd binnen te komen door de voordeur, maar de toegang was hun geweigerd. Daarop waren ze omgelopen om te kijken of er een achterdeur was. Op dat moment was de eerste aangevallen met een heet wapen dat zijn gezicht had verbrand en gesneden. Toen de ander was komen kijken om wat voor aanval het ging, was hij op precies dezelfde manier gewond geraakt. (De wapens waren natuurlijk de verbrande worstjes van Mary.) Ze dachten dat ze door iedereen op het feest met dingen werden beschoten en dus gooiden ze één steen voordat ze weggingen.

Opschrijfboekjes werden opgeborgen. Phyllis zei dat een van de mannen gehecht moest worden en dat ze met hem naar het ziekenhuis zou gaan. Ze nam Mary ook mee, omdat Mary haar arm had gesneden aan rondvliegend glas. Het feest was voorbij. De politie zei dat er te veel lawaai was gemaakt voor een volgebouwde wijk en omdat twee van de gastvrouwen naar het ziekenhuis gingen, leek het weinig zinvol als de gasten nog veel langer in de flat bleven waar het nu ijzig tochtte vanwege het kapotte raam. Enkele mannen hielpen bij het opruimen van de laatste glasscherven en in de kofferbak van iemands auto werd een plaat gevonden om het gat mee te af te dekken. Het was een triest einde. De politie vertrok; een van hen zag Jo op de trap zitten.

'Wil je misschien een lift naar huis?' vroeg hij.

Jo schudde haar hoofd. 'Dat hoeft niet. Ik woon boven.'

'Je ziet er nogal geschokt uit. Alles in orde?'

Ze knikte zonder iets te zeggen.

'Wat een nacht. Een meisje van buiten heeft op zaterdagavond niet veel in Dublin, hè?'

Hij probeerde haar op te vrolijken. Het werkte niet.

'Goed, ik ben ervandoor. Jij kunt beter ook verdwijnen en gaan slapen. Zo te zien heb je er behoefte aan.'

Ze knikte weer.

'Gaat het? Je hebt toch geen shock of zo? Het is allemaal voorbij en het was alleen een kapot raam,' zei hij sussend. 'Wij zullen nog wel ergere dingen meemaken voordat de nacht om is.'

'O God,' zei ze.

'Hé, Sean,' riep hij, 'deze gaat flauwvallen, geloof ik. Help eens een handje.'

Ze kwam bij toen ze haar de flat binnendroegen. Ze had de sleutel in haar hand gehad en die was gevallen toen zij viel.

'Wat is haar kamer?' vroeg Sean.

'Hoe moet ik dat weten?' zei de agent die haar droeg. 'Hier is de keuken, breng haar hier binnen...'

Ze zag de namen op de tafel.

'Raak die niet aan, dat is bewijsmateriaal,' zei ze. 'Raak die alsjeblieft niet aan.'

Ze besloten dat ze beter even een kop thee konden blijven drinken.

'Het is de televisie, daar komt het van,' zei Mickey.

'Dat klopt en van laat op de avond te vet eten,' zei Sean.

'Maar hoe kunnen jullie zo zeker weten dat er niets met ze aan de hand is?' Jo was niet overtuigd.

'Omdat we normale mensen zijn,' zei Sean.

Jo bloosde. 'Dat ben ik ook. Ik ben ook normaal en daarom ben ik bezorgd. Ik maak me gewoon zorgen. En maak niet van die flauwe grappen dat ik te vet eet en nachtmerries heb. Ik heb helemaal niets gegeten, zo bezorgd ben ik. En daarom ben ik ook niet naar het politiebureau gegaan, omdat ik wist dat ze me daar net zo zouden behandelen.'

Ze barstte in snikken uit en legde haar hoofd op de tafel.

'Kijk uit voor het bewijsmateriaal,' grinnikte Sean.

Mickey wierp hem een fronsende blik toe. 'Laat haar met rust. Ze maakt zich echt zorgen. Luister, die twee komen morgenavond terug. Dat is net zo zeker als dat het gaat regenen. Niemand ontvoert mensen op zo'n manier, echt niet. Niemand zegt toch zeker: Was alsjeblieft die mokken af en ruim je kamer op en kom dan mee naar de Dublin Mountains om ontvoerd te worden?' Hij glimlachte haar bemoedigend toe.

'Ik denk van niet.'

'En het is lief van je dat je zo bezorgd bent en we zeggen er vanavond niets meer over, omdat je uitgeput bent. Ga naar bed en slaap morgen uit. Die twee meiden komen morgenavond thuis en dan zul jij denken dat je gek was om ook maar een traan om ze te laten. Heb je me begrepen?'

'Maar ik ben zo dom, ik ben zo hopeloos. Dublin is te veel voor mij, ik kan het echt niet aan. Ik dacht dat het heel leuk zou worden toen ik de flat kreeg, maar het is allemaal zo anders en zo eenzaam, zo vreselijk eenzaam. En als het niet eenzaam is, dan lijkt het net een nachtmerrie...'

'Hou daarmee op,' zei Mickey kordaat. 'Hou daar nu mee op. Jij praat de hele tijd alleen maar over jezelf. Ik dit, ik dat. Jij zit je voortdurend af te vragen wat mensen van jou denken. Ze denken helemaal niets van jou.'

'Maar ik...'

'Daar ga je weer. Ik, ik, ik. Jij denkt dat er een hele zaal met mensen naar jou zit te kijken alsof het een film is. Dat ze jou elke dag het huis uit zien gaan, alles bekijken wat je doet en dan zeggen: Wat amuseert zij zich, wat heeft zij een succes in Dublin. Het kan niemand ook maar iets schelen. Waarom begin je niet eens aan andere mensen te denken?'

'Maar ik denk toch aan andere mensen, ik denk aan Nessa en Pauline...'

'O nee, dat doe je niet. Jij denkt alleen maar aan wat jíj ze aandeed, of jíj verantwoordelijk bent voor hun ontvoering en verdwijning, of zij zullen denken dat jíj stom bent.'

Jo keek hem aan.

'Zo, de preek is voorbij. Ga naar bed.' Hij stond op, gevolgd door Sean.

'Je hebt waarschijnlijk gelijk,' zei ze.

'Hij heeft altijd gelijk, daar staat hij om bekend,' zei Sean.

'Heel erg bedankt. In het begin is het nogal eenzaam, en dan ga je te veel in jezelf op.'

'Ik weet het, ik heb me afgelopen jaar bijna net zo gevoeld.'

'Sligo?'

'Galway.'

'Nog eens heel erg bedankt.'

'Tot ziens, Jo.'

'Tot ziens, agent, bedankt.'

'Mickey,' zei hij.

'Mickey,' zei zij.

'En Sean,' zei Sean.

'En Sean,' zei Jo.

'En misschien wil je een keer een avond met mij uit,' zei Mickey.

'Of misschien wel met mij,' zei Sean.

'Ik heb haar het eerst gezien, nietwaar?' zei Mickey.

'Dat is zo,' zei Jo. 'Jij was het eerst.'

'Ik zal even wachten tot die twee meiden weer helemaal thuis zijn, maar maandagavond ben ik vrij...'

'Je weet zeker dat ze terugkomen?'

'Als ik je maandag nou eens om een uur of acht kom ophalen. Wat zeg je daarvan?'

'Dat is geweldig,' zei Jo. 'Dat is echt geweldig.'

Besluit in Belfield

Ze had jarenlang de lezersrubrieken gelezen. Een paar brieven gingen altijd over dingen die waren voorgevallen en die vreselijk verkeerd waren in de ogen van God en dat je dan niets anders kon doen dan vergeving vragen. Meestal stond er ook bij dat je ouders heel veel begrip zouden tonen – je moest meteen naar ze toe gaan en er met ze over praten. Je zult er versteld van staan, schreef Mona dan, hoeveel verdraagzaamheid en begrip er zal zijn en hoeveel steun je thuis zult vinden.

Niet bij Pat thuis. Daar zou geen steun en ook geen begrip zijn. De moeder van Pat zou niet glimlachen zoals mensen in films deden en zeggen dat het zo misschien maar beter was en dat het leuk zou zijn om weer een baby in huis te hebben en dat ze het getrippel van kindervoetjes had gemist. En de vader van Pat zou niet zijn arm om haar schouders slaan en een lange, opbeurende wandeling met haar maken op de pier van Dun Laoghaire. Pat wist dat maar al te goed, ook al vertelde Lieve Mona haar dat ze het mis had. Ze wist het uit eigen ervaring. Ze wist dat pa en ma niet haar steun en toeverlaat waren, geen twee stevige rotsen in de branding. Omdat ze dat vijf jaar geleden ook niet waren geweest toen haar oudere zus Cathy in verwachting was. Er was dus geen reden waarom hun houding na verloop van tijd zou zijn veranderd.

Cathy was net afgestudeerd toen het gezin haar kleine tragedie te verwerken kreeg. Ze was tweeëntwintig geweest, verdiende zelf de kost en ging grotendeels haar eigen weg. Cathy had in de lezersrubrieken geloofd en aangenomen dat ma niet door het dak zou gaan. Ze had ook gedacht dat er een manier was om als gewone mensen met pa en ma te praten. Ze had het mis gehad. Als de dag van gisteren herinnerde Pat zich het weekend waarin het bekend was gemaakt. Het leek het hele weekend door te zijn gegaan: Cathy die zei dat ze niet met Ian wilde trouwen en pa die zei dat Ian op stel en sprong naar ons huis moest komen; en ma die zei dat dit ervan kwam als je erop vertrouwde dat mensen zich volwassen en verantwoordelijk zouden gedragen; en Cathy die er angstig en onthutst had uitgezien. Ze had steeds weer gezegd dat ze had gedacht dat iedereen blij zou zijn.

Pat was toen zestien geweest en tot in het diepst van haar wezen geschokt. Ze had nog nooit zulke woorden gehoord als in dat weekend waren gevallen. Pa had zelfs zijn excuses aangeboden voor sommige dingen die hij tegen Cathy had gezegd en ma was maar blijven huilen. Cathy was op die bewuste zondagavond bij haar op bed komen zitten. 'Het is niet het einde van de wereld,' had ze gezegd.

'O jawel,' had Pat gezegd die Cathy bijna niet had durven aankijken uit angst dat ze onder haar middel de vreselijke schande zag die zoveel problemen ging veroorzaken.

'Ik zie me echt niet de rest van mijn leven met Ian doorbrengen,' zei Cathy. 'We zouden onszelf voor de gek houden en we zouden het nog geen jaar samen uithouden. Dat is toch een vreselijke manier om met iemand in het huwelijksbootje te stappen?'

'Hou je dan niet van hem?' had Pat gevraagd. De enig mogelijke reden dat je de dingen deed die Cathy met Ian moest hebben gedaan om in deze toestand verzeild te raken, moest liefde zijn geweest.

'O, in zekere zin hou ik wel van hem, maar ik zal ook van andere mensen gaan houden en dat geldt ook voor hem.'

Pat had het niet begrepen en ze was geen steun geweest. Ze had zinloze dingen gezegd in de trant van dat het misschien niet echt positief was, de test dan, en dat Ian misschien wel wilde trouwen als Cathy het allemaal goed uitlegde. Cathy had de hele zaak erg zwaar opgenomen; ze had niet willen accepteren dat pa en ma misschien enig recht van spreken hadden. 'Ze zijn zo modern, dat zeggen ze tenminste,' had ze minachtend gezegd. 'Ze zeggen altijd dat ze voorstander zijn van de invoering van echtscheiding en ze willen dat er anticonceptiemiddelen komen en dat de censuur wordt afgeschaft, maar ze weigeren de feiten onder ogen te zien. Ze willen dat ik met een man trouw, terwijl ze weten dat het mijn leven en dat van hem zal ruïneren en misschien ook het leven van de baby. Waar blijven die moderne ideeën dan?'

'Volgens mij denken ze dat het de beste start zou zijn voor het... eh... het kind,' zei Pat onzeker.

'Wat een geweldige start... twee mensen die het meest van het kind zouden moeten houden tot een huwelijk dwingen waarop ze niet zijn voorbereid, in een land dat het niet nodig vindt om een systeem op te zetten dat hulp biedt als het huwelijk op de klippen loopt.'

'Maar je kunt mensen niet laten trouwen als ze weten dat ze ook weer kunnen scheiden.' Na vier jaar klassengesprekken op school was Pat heel goed op de hoogte van dat thema.

'Nou, je kunt zeker niet in een huwelijk stappen, een twijfelachtig huwelijk, als je weet dat je niet terug kunt,' had Cathy gezegd.

Vijf dagen later was ze naar Londen vertrokken. Iedereen had te horen gekregen dat ze een nieuwe, fantastische postdoctorale cursus volgde. Het ging om een speciale bevoegdheid met betrekking tot de EU-wetgeving; kennelijk was dit in de toekomst absoluut noodzakelijk. Ma had gezegd dat Cathy de juiste keus maakte met alle veranderingen die er vanuit Brussel en Straatsburg en zo aan zouden komen. Pat wist dat Cathy niet terug zou keren. Ze wist dat het gezin uit elkaar was gevallen en dat de breuk veel definitiever was dan toen Ethna het klooster was ingegaan. Ethna had het gezin eigenlijk helemaal niet in de steek gelaten, ook al zat ze dan in Australië; Cathy zat maar een uur reizen van hen vandaan, maar ze was voorgoed vertrokken.

Ethna had nooit te horen gekregen waarom Cathy naar Engeland was vertrokken. Met de kerst had de lange brief in het kleine schuine handschrift alles willen weten over de cursus die Cathy volgde en wat haar adres was en wanneer ze met kerst vrij had. Niemand schreef Ethna dat Cathy met de kerst niet thuis was gekomen. Misschien had Cathy geschreven, maar dat stond zeker niet in de brieven die elke week kwamen en de deur uitgingen; elke week een groene Ierse luchtpostbrief op de tafel in de hal waaraan ma begon en waar pa en Pat nog wat aan toevoegden; en elke week, maar niet helemaal met de regelmaat van de klok, een blauwe luchtpostbrief uit Australië met details over zuster zus en zo die dit en dat had gedaan. En al die tijd niets van Cathy.

Rond de tijd dat het kind van Cathy moest worden geboren, had Pat ma om het adres gevraagd. 'Ik wil haar schrijven om te kijken of we iets voor haar kunnen doen.'

'O, er is niets dat iemand van ons kan doen,' had ma bitter gezegd. 'Als dat wel zo was geweest, dan zouden we dat met alle plezier hebben gedaan, maar nee hoor, wij wisten niets en jouw zus wist alles. Zij wist het dus beter en ging haar eigen gang. Nee, ik geloof niet dat er iets is wat we kunnen doen. Ik denk niet dat ze het op prijs zou stellen.'

'Maar ma, het is je kleinkind. Je eigen kleinkind.' Pat was bijna zeventien geweest en hevig verontwaardigd.

'Ja, en voor mevrouw Kennedy, de moeder van Ian, is het ook haar eerste kleinkind. Maar wordt ons het voorrecht gegund om een kleinkind te hebben, een baby die we allemaal willen met een doop en een hoop drukte en het geboorterecht van elk kind? Nee, wij krijgen een massa onzin te horen over geen normaal burgerlijk leven willen leiden en geen banden willen aangaan. Ik zou wel eens willen weten of Cathy zich nooit afvraagt hoe het haar was vergaan als ik me zo had opgesteld.' Ma was er heel erg rood van aangelopen.

'Ik weet zeker dat ze je erg dankbaar is, ma.'

'O, dat weet ik zeker, heel zeker. Ja, dat moet wel. Wat zou ze een prachtig leven hebben gehad als ze op het moment dat ze werd geboren, was afgestaan aan een adoptie-instantie omdat ik me niet aan een man wilde binden.'

'Maar je was al getrouwd, ma, en je had Ethna al.'

'Daar gaat het niet om,' had ma geschreeuwd.

En plotseling was het tot Pat doorgedrongen. 'Staat Cathy de baby af, ze kan de baby toch niet wegdoen?'

'Ik mag niet weten wat ze gaat doen. Ze neemt ons, je vader en mij, niet in vertrouwen, maar ik neem aan dat ze dat gaat doen. Als ze zich niet wil binden aan een heel redelijke en aardige jongen als Ian Kennedy, dan is het erg onwaarschijnlijk dat ze zich wel kan binden aan een onwettige baby die ze helemaal alleen zou moeten grootbrengen.'

Pat was naar het advocatenkantoor gegaan waar Ian Kennedy met zijn vader werkte. Hij was een aardige jongen met rood haar, ongeveer de leukste van de vriendjes van Cathy; jammer dat ze niet met hem was getrouwd.

'Ik wilde met je over Cathy te praten,' had ze gezegd.

'Ja, prima, hoe gaat het met haar?' had hij gevraagd.

'Goed, denk ik...' Pat was beduusd geweest.

'Fijn, doe haar de groeten als je haar schrijft, goed?'

'Ik heb haar adres niet en ma doet er moeilijk over. Je weet wel, omdat ze niet kan...'

'O, maar ik weet niet waar ze is,' zei Ian.

'Houdt ze geen contact met je?' Pat was weer geschokt.

'Nee, ze zei dat ze dat niet wilde. Ze zei dat ze vrij wilde zijn.'

'Maar...?'

'Maar wat?'

'Houdt ze je niet op de hoogte... laat ze jou niet weten...?'

'Wat?'

Pat zweeg. Het was ongeveer zes maanden geleden beslist gezegd, absoluut, dat Ian op de hoogte was gebracht van haar besluit om naar Engeland te gaan omdat ze zwanger was. Ja, Ian was zelfs bij hen thuis geweest. Hij had tegen pa gezegd dat hij wel degelijk met het grootste plezier wilde toegeven dat hij verantwoordelijk was voor het kind en dat hij met Cathy zou trouwen als ze dat wilde. Pat wist dat hij had gezegd dat hij voor het onderhoud van het kind wilde zorgen en het wilde zien als het werd geboren. Dat kon hij toch niet allemaal zijn vergeten?

'Het spijt me dat ik zulke domme vragen stel,' had Pat gezegd. 'Ik ben de jongste en niemand vertelt me iets.'

'Ja?' Ian lachte vriendelijk.

'Maar ik dacht dat ze nu, eh, de baby zou krijgen en ik wilde weten hoe het met haar ging... daarom ben ik hier.'

'Maar heeft ze je dat dan niet verteld? Ze moet het je hebben verteld.' Ian trok een bezorgd gezicht.

'Wat? Wat moet ze mij hebben verteld?'

'Dat het loos alarm was – dat ze helemaal niet in verwachting was.'

'Ik geloof je niet.'

'Natuurlijk wel! Hé, dat moet je weten. Ze heeft het geschreven en het iedereen verteld. Kort nadat ze naar Londen was vertrokken.'

'Het is niet waar...'

'Natuurlijk is het waar. Ze heeft het ons allemaal geschreven. De test hier was heel vroeg gedaan en was niet goed.'

'Waarom is ze dan niet teruggekomen?'

'Wat?'

'Als het loos alarm was, waarom is ze dan niet thuis gekomen voor haar baan en voor jou en alles?'

'O, Pat, dat weet je toch? Ze was nogal kwaad op jouw pa en ma. Ze had meer solidariteit verwacht, denk ik. En ze was erg nijdig op mij.'

'Waarom was ze nijdig op jou? Je zei dat je met haar zou trouwen.'

'Maar dat wilde ze niet, ze wilde... o, ik weet het niet... hoe dan ook, het was niet nodig.'

'Waarom is ze dan niet teruggekomen?'

'Dat zei ik toch al. Wij hebben haar allemaal laten vallen. Ze was boos. Ze schreef me toen over dat loos alarm en zei tegelijk dat ze geen zin had om terug te komen. Dat moet ze jullie ook hebben geschreven. Natuurlijk wel.'

'Dat heeft ze niet gedaan,' zei Pat resoluut.

'Maar waarom dan niet? Waarom heeft ze geen eind gemaakt aan hun ellende?'

'Hun ellende?'

'Je weet wat ik bedoel. Zo zeggen ze dat.'

'Ze heeft nooit geschreven.'
'O, Pat, dat is onzin, natuurlijk heeft ze geschreven. Misschien hebben ze het je niet verteld. Je zei zelf dat ze dingen voor je verborgen hielden.'
'Ze weten niet dat het loos alarm was, dat weet ik wel zeker.'
Ze nam afscheid van Ian met de belofte dat ze niemand moeilijkheden zou bezorgen en dat ze een braaf meisje zou zijn.
'Je bent echt een *enfant terrible*, weet je. Je bent veel te volwassen en te mooi om de heilige te spelen.'
Ze stak haar tong tegen hem uit en ze moesten allebei lachen.

Ma zei dat ze niet over Cathy wilde praten. Cathy had nooit met haar willen praten, waarom zou ze dan over Cathy praten?
'Maar Ian zegt dat hij iets van haar heeft gehoord toen ze weg was. Het was allemaal loos alarm. Ze heeft geen baby gekregen, ze was helemaal niet zwanger. Ben je nu niet blij? Is dat geen goed nieuws, ma?' had Pat smekend gevraagd.
'Misschien,' had ma gezegd.

Net toen ze die avond op het punt stond in slaap te vallen bedacht Pat iets waardoor ze ineens recht overeind en klaarwakker in bed zat.
Nu wist ze waarom ma niet blij was geweest. Cathy moest een abortus hebben gehad. Daarom was er geen baby, daarom was Cathy niet teruggekomen. Maar waarom had ze dat niet tegen Ian of ma gezegd? En vooral, waarom was ze niet teruggekomen?

'Denk je dat de andere zusters de brieven van Ethna lezen?' Pat had dat een paar dagen later gevraagd toen de groene luchtpostbrief werd dichtgeplakt en op de bus gedaan.
'Erg onwaarschijnlijk,' had pa gezegd.
'We leven niet in de Middeleeuwen. Ze censureren hun post niet,' had ma gezegd.
'Ze kan ook tamelijk kritische opmerkingen maken over sommige andere zusters; ze zegt nogal wat over die zuster Kevin,' zei pa. 'Ik

verwacht niet dat ze dat zou doen als ze haar uitgaande post lazen.'

Pat vond het aardig dat pa de brieven van Ethna zo zorgvuldig las dat hij de verschillende zusters kende.

Pat had Ethna geschreven; om te beginnen een wat aftastende brief. 'Ik word ouder en wat wijzer, hoewel niet veel. Een van de dingen waarover ik me ongerust maak, is de mantel van stilte waarin Cathy is gehuld en waar ze in Engeland woont en wat ze doet en hoe het met haar gaat. Kun je me zeggen hoe het met haar is, als je dat weet, dan kan ik vandaar verder gaan...'

Ze kreeg een brief van Ethna, niet op luchtpostpapier maar in een gewone envelop. Op de envelop stond: 'De postzegels waarom je vroeg.' Dat bevredigde elke mogelijke nieuwsgierigheid van pa of ma. De brief was erg kort.

'Ik vind dat je overdreven geheimzinnig doet. Die arme Cathy is al meer dan genoeg gestraft. Ze dacht echt dat ze in verwachting was. En omdat ze destijds niet bereid of klaar was om met de vader te trouwen, is het maar goed dat ze niet in verwachting was. Ze voelt zich gelukkig in Londen waar ze maatschappelijk werk doet. Ze heeft zich hard opgesteld tegenover vader en moeder, wat erg jammer is, maar ik weet zeker dat ze na verloop van tijd bereid is de deuren van vriendschap weer te openen. Ze schrijft niet met me, afgezien van die ene brief waarin ze me alles heeft verteld; omdat niemand thuis me er ooit iets over heeft geschreven, heb ik er zelf ook geen aandacht aan geschonken. Ik bid voor haar en voor jullie allemaal. Het leven is zo kort en het lijkt treurig dat een deel ervan moet worden besteed aan wrokgevoelens en leed terwijl een uitgestoken hand aan alle verdriet een eind zou maken.'

Dat helpt, zeg, had Pat destijds gedacht: genoeg gestraft, hard opgesteld en aan alle verdriet een eind maken... woorden van een non en geen woord van kritiek op pa en ma die altijd brieven schreven naar de krant waarin ze protesteerden tegen Zuid-Afrikaanse rugbyteams die in het land werden toegelaten. Ze hadden het altijd over asielzoekers en hadden geld ingezameld voor vluchtelingen. Waarom stelden ze zich zo hardvochtig op tegenover Cathy?

Pat had zich voorgenomen niet toe te laten dat Cathy zonder een spoor zou verdwijnen alsof het gezin was getroffen door een misdrijf of schande en men hoopte dat alles weer normaal zou worden als je het maar negeerde. Ze was hierover begonnen onder het avondeten op de dag dat ze de brief van Ethna had ontvangen.

'Dit gezin begint een beetje op negen groene flessen te lijken,' zei ze.

'Waar heb je het in hemelsnaam over?' lachte pa.

'Eerst vertrekt Ethna naar de andere kant van de wereld en dan zijn we nog met ons vieren. Zes maanden geleden verdwijnt Cathy zonder een spoor achter te laten en nu zijn we nog maar met ons drieën. Zal ik ook ergens heen gaan?'

Vader lachte nog steeds maar keek verward. Hij stond op om de percolator te pakken. Hij zag er moe en een beetje verslagen uit. Helemaal niet de opgewekte arts die altijd keurig in kostuum, altijd optimistisch, altijd het beste voor heeft met zijn patiënten en de buren. Thuis droeg hij zijn vest en ma had een oude trui aan die onder de oksels versleten was. Ze zagen er haveloos en een beetje slordig uit nu ze in de grote eetkamer zaten met het mooie meubilair en de kostbare glazen karaffen. Pat had het gevoel dat ze zich niet echt druk maakten, nu zij nog alleen thuis was. Ze wist zeker dat ze zich veel eleganter hadden gekleed en veel opgewekter waren geweest toen Ethna en Cathy nog thuis waren.

'Wachten jullie gewoon tot ik vertrek en is dat dan de truc met de hoge hoed?'

'Wat is dit voor een dom spelletje, Pat?' Ma vond het niet erg leuk.

'Nee, ik meen het, ma. We zijn toch geen echt gezin meer?'

'Zo spreek je niet tegen je moeder.' Pa was verbaasd en gekwetst. Hij had gedacht dat die groene flessen een grapje waren; nu hadden ze ruzie.

'Het is niet normaal. Mensen trouwen en krijgen kinderen, maar toch niet om ze daarna zo snel mogelijk weer de deur uit te zetten.'

Ma was inderdaad erg boos. 'Ethna was eenentwintig toen ze het huis uit ging. Ze had al twee jaar bij die kloosterorde willen intreden. Denk je dat wij het leuk vonden dat Ethna vertrok? Of non werd? Doe niet zo belachelijk en denk ook eens aan andere mensen voordat je met beschuldigingen begint die zo kwetsend zijn.'

'Goed, ik weet dat het zo met Ethna ging, maar toen is Cathy vertrokken. Dit huis was vroeger vol mensen en nu zijn we nog maar met ons drieën. En ik neem aan dat jullie willen dat ik ook gauw vertrek. Hebben jullie liever dat ik probeer op UCC of in Galway te komen of misschien wel in Engeland in plaats van Belfield? Dan hebben jullie mij niet in de buurt en kunnen jullie je eigen gang gaan.' Met tranen in haar ogen stond ze op.

'Je kunt nu onmiddellijk je excuses aan je moeder aanbieden, hoor je me!'

'Waarom aan ma? Ik zeg dit tegen jullie allebei.'

Ze had op het punt gestaan de kamer uit te lopen, toen ma vermoeid had gezegd: 'Kom terug, Pat. Kom terug, dan zal ik met je over Cathy praten.'

'Je bent haar geen verklaring schuldig, Peggy, geen enkele, niet nadat ze zo tegen jou heeft gesproken.' Het gezicht van vader was rood van teleurstelling.

'Ga zitten, Pat. Alsjeblieft.' Met tegenzin ging Pat schouderophalend zitten. 'Ik ga niet met je zitten bekvechten. Ik ben het met je eens. We hebben geen echt gezin meer. Toen je vader en ik met elkaar trouwden, hadden we dit niet in gedachten.'

'Kom nou, Peg, kom nou,' zei pa waarschuwend.

'Nee, ze heeft het recht te vragen wat er is gebeurd. We hebben het ons zelf ook al afgevraagd. Het was helemaal niet wat we in gedachten hadden. Ik neem aan dat we hoopten dat de praktijk groter zou worden en dat het goed zou gaan. Nou dat was ook zo. Die kant is prima gegaan. En we wilden vrienden en kennissen over de vloer krijgen en dat is ook voortreffelijk gegaan. En onze gezondheid is altijd goed geweest. Maar in hoofdzaak hadden we jullie drieën in gedachten. Daar richten mensen zich feitelijk op, Pat, daar denken ze het grootste deel van de dag en de nacht aan als ze kinderen hebben. Vanaf het moment dat Ethna er was, hebben we meer aan jullie drieën gedacht dan aan wat ook.'

Pat haalde even haar schouders op. Het was een afwijzend gebaar, waarmee ze wilde zeggen dat ze haar niet alles hoefde te vertellen.

'Ik weet dat je denkt dat ik je dit alleen vertel om aardig tegen je te zijn of misschien dat we met de beste bedoelingen zijn begonnen, maar dat we die na verloop van tijd uit het oog hebben verloren. Maar zo is het niet gegaan. Ik denk dat mijn beste tijd, en ook die van jou, Hugh, was toen Ethna zes of zeven was, Cathy vijf en jij nog een baby. Drie kleine meisjes die volledig afhankelijk van ons waren en schitterden van enthousiasme...'

'Natuurlijk, mam. Natuurlijk.'

'Nee, geef me nog heel even de gelegenheid om sentimenteel te doen, want lang zal het niet duren. Jullie waren allemaal zo pienter. Dat was ook een vreugde, want een paar van onze kennissen hadden problemen. Goed, we noemden het geen problemen, maar het ene kind kon pas lezen toen het zeven was, een ander kind kon niet aarden op school en weer een ander kon niet overweg met de leerkrachten of haalde de eindtoets in de laatste klas van de basisschool niet. Jullie drieën niet. Te beginnen met Ethna die de beste van de klas was. We wisten dat examens geen echt probleem vormden voor haar. Herinner je je de intrede van Ethna nog?'

'Ja... ik kreeg die dag vrij van school.'

'En ze zag er stralend uit... dat is een grappig woord, maar het was zo, weet je, heldere ogen en een blij gezicht in vergelijking met veel anderen. Ik dacht, wat is ons kind toch knap, er ligt nog zoveel voor haar als ze dat belachelijke kloostergedoe uit haar hoofd zet...'

'Maar ik dacht dat je ermee akkoord ging?'

'We moesten uiteindelijk wel.' Pa deed voor het eerst zijn mond open. 'Natuurlijk waren we het niet met haar eens. Gebruik je verstand, Pat. Stel dat jij zo'n lief kind als Ethna had opgevoed, zo bijdehand als ma zegt, dat net voor haar propedeuse geschiedenis is geslaagd en dat met een groep half opgeleide vrouwen naar een school ergens in de wildernis wil gaan omdat ze een boek heeft gelezen over die stomme plek en ze met mensen in aanraking komt die haar inpalmen!'

'Maar dat hebben jullie nooit gezegd. Ik kan me niet herinneren...'

'Nauurlijk kun jij je dat niet herinneren. Hoe oud was je, twaalf, dertien? Wat voor gesprekken hadden we met jou daarover kunnen voeren? Het had de zaak alleen maar moeilijker gemaakt.'

Ma was tussenbeide gekomen. 'We hebben er zelfs niet met Cathy over gesproken omdat we niet wilden dat er binnen ons gezin kliekvorming ontstond en dat Ethna onder druk werd gezet. We hebben alleen met haar gepraat.'

'En wat wilden jullie dan dat ze deed?' wilde Pat weten.

'Ik had graag gehad dat ze haar studie had afgemaakt. Ze was heel erg goed. Ik heb daar met een paar mensen over gesproken. Die zeiden dat ze aanleg had. Ik had graag gehad dat ze hier een sprankelend leven had gehad in plaats van de woedeaanvallen van zuster Kevin in een jungle te moeten verduren.' Pa had erg gefrustreerd geklonken toen hij dat zei, alsof hij zich de hele strijd weer herinnerde en hoe hij die had verloren.

'Ja, dat had ik ook graag gewild. Ik had het liefst dat ze hier was gebleven, dat was lekker dichtbij en ze had een autootje kunnen kopen en ze zou vrienden en vriendinnen hebben en ze zou in het weekend naar het westen kunnen gaan. En dan had ze kunnen trouwen met iemand uit haar eigen vakgebied, een professor of zo, en ze had dicht bij ons in de buurt kunnen wonen. Dan had ik alles opnieuw kunnen beleven met haar kinderen die opgroeiden en leerden lopen...'

'Dat is toch een tamelijke normale, redelijke wens, nietwaar?' had pa haar nogal defensief gevraagd. 'Niemand ziet graag hoe een heel leven, een hele opleiding en al dat talent wordt weggegooid.'

'Ze is wel gelukkig, zegt ze,' had ma gezegd.

'Ik neem aan dat haar brieven de waarheid net zo dicht benaderen als die van ons,' had pa gezegd. En het was even stil, terwijl ze nadachten over wat dat inhield.

'En Cathy...?' Pat sprak zacht in de hoop de stemming niet te verbreken en haar moeder aan de praat te houden.

'Cathy,' had ma gezegd.

'Cathy gaf ook geen problemen. Anderen vertelden ons van slapeloze nachten over hun vreselijke tieners. Wij hebben nooit slapeloze nachten gehad,' glimlachte vader naar Pat alsof hij haar bedankte.
Ze voelde zich een beetje schuldig.
'En Cathy nam veel meer vrienden en vriendinnen mee dan Ethna. Meestal lachten ze en genoten met volle teugen van het leven. Weet je nog die zomer dat ze de hele tuin opknapten, Hugh?'
Pa had gelachen. 'Ik hoefde niets anders te doen dan aan het eind van de dag voor grote blikken bier te zorgen. Ze spitten, wiedden het onkruid, snoeiden de hagen en maaiden het gras.'
'Daarvoor zag het er niet uit,' had ma gezegd. 'Het was een wildernis en zij bedwongen die.'
'En dat allemaal voor een paar blikken bier,' had pa gezegd. Ze zwegen even. Pat zei niets.
'Dus zou Cathy misschien bij ons blijven toen Ethna vertrok. Het was niet zo dat we onze liefde voor Ethna op Cathy overdroegen. Ik neem aan dat we onze plannen bijstelden en andere verwachtingen gingen koesteren. En ze was zo enthousiast over alles.'
'We hadden het gevoel dat we ons met haar kwalificeerden. Ze deed alles zo gemakkelijk en nonchalant – de colleges, de postdoctorale studie, de examens voor de advocatuur in de Four Courts, de stageperiode... het was allemaal levendig,' had vader gezegd.
'En ze leek goed te kunnen opschieten met Ian. Ik bleef maar denken dat ze pas tweeëntwintig was en veel te jong om al aan een eigen gezin te beginnen, maar dan zei ik weer tegen mezelf dat ik ook pas tweeëntwintig was toen ik trouwde. Aan de andere kant had ik geen carrière waarover ik een beslissing moest nemen. Dan ging ik weer terug naar de eerste mogelijkheid en bedacht dat Ian en Cathy allebei jurist waren en dat de vader van Ian een eigen kantoor had en dat er natuurlijk altijd een mouw aan te passen was als ze een paar kinderen hadden en zij part-time wilde blijven werken.'
Vader was tussenbeide gekomen. 'Dat bedoelde je moeder toen ze zei dat we altijd met jullie, met onze kinderen bezig waren. In

onze gedachten was Cathy al met Ian getrouwd, nog voordat ze elkaar zelfs maar hadden gekust.'

'Maar waarom konden jullie de beslissing van Cathy dan niet accepteren en die van Ethna wel? Jullie wilden niet dat Ethna vertrok en non werd, maar toen ze dat wel deed, legden jullie je erbij neer.'

'Ja,' had ma gezegd. 'Ja, het maakte haar zo gelukkig en het was haar leven. Hoe graag ik het ook had gewild, ik kon haar niet meer tegenhouden... Ze moest doen wat ze wilde.'

'Waarom kon Cathy dan niet doen wat ze wilde?'

'Dat lag anders.'

'Maar waarom, ma, waarom? Jij en pa waren toch niet preuts of zo, jullie vrienden zouden jullie toch niet in de steek laten, jullie zouden toch niet rondlopen met een gebogen hoofd van schaamte? Waarom kan Cathy niet thuiskomen met haar baby?'

'Het is anders,' had vader gezegd.

'Ik begrijp het niet, echt niet. Niemand vindt het erg. Ian niet. Ik heb hem gesproken. Hij doet erg nonchalant over Cathy – "doe haar de groeten," zei hij. Ethna maakt geen bezwaar. Ik heb haar erover geschreven, maar, maar...'

'Heb je Ethna geschreven?' had ma verbaasd gevraagd.

'Ja, om te proberen alles op te helderen.'

'En is dat gelukt?'

'Nee, helemaal niet.'

'Wat wil je dan opgehelderd hebben?' had pa gevraagd.

'Of Cathy nu wel of geen baby krijgt, meer niet. Het is heel eenvoudig en in de meeste normale gezinnen zou dat bekend zijn.'

Pa had ma aangekeken en zij had gezegd: 'Zeg het haar maar.'

'Het antwoord is... dat we het niet weten.'

'Jullie weten het niet?'

'Nee. Dat is de waarheid.' Ma was verder gegaan: 'We waren erg geschokt door de houding van Cathy. Ze stelde zich erg kritisch tegenover ons en onze manier van leven op. Ze vond dat we hypocriet waren, omdat we een liberale opvatting predikten en die niet naleefden.'

'Maar zo zagen wij dat niet. Je moet begrijpen dat het niets had te maken met acceptatie of reputaties. We vonden dat Cathy dom deed en overdreef. Ze protesteerde alleen om te protesteren: "Kijk mij eens, ik ben te modern om net als iedereen mijn kind een naam, een thuis en een achtergrond te geven. Nee, daar ben ik veel te wereldwijs voor!" Wij vonden dat niet leuk, Pat, het was te studentikoos...'

'Het heeft geen zin om alles te herhalen wat er werd gezegd, omdat je het meeste waarschijnlijk wel hebt gehoord, maar om een lang verhaal kort te maken, we hebben slechts één keer iets van Cathy gehoord sinds ze naar Londen is vertrokken. Ik laat altijd doorschemeren – nee, laat ik eerlijk zijn – ik lieg altijd tegen anderen en zeg dat we van haar hebben gehoord, maar ze heeft slechts één keer geschreven, twee weken nadat ze was vertrokken.'

'Heeft ze gezegd...?'

'Ze zei dat het loos alarm was geweest, dat ze zich had vergist in de datum, dat ze niet zo lang over tijd was als ze dacht en dat alles in orde was.'

Iedereen zweeg.

'En geloofde je haar, mam?'

'Nee.'

'En jij, pa?'

'Nee.'

'Was ze te lang over tijd voor een vergissing?'

'Ze zei dat ze een urinemonster naar Holles Street had gebracht en dat zij hadden gezegd dat het positief was. Ze maken daar geen fouten.'

'Maar zij zegt van wel.'

'Nee, ik denk dat ze was vergeten wat ze ons had verteld.'

'O.'

'Dus wij weten niet meer dan jij,' had ma gezegd terwijl ze haar handen hulpeloos spreidde.

'Maar waarom zeg je dan dat alles in orde is...?'

'Omdat het op de een of andere manier ooit weer goed zal komen en we niet willen dat Cathy dan wordt geconfronteerd met een heleboel lastige dingen. Hou het eenvoudig, is ons motto.'

'Wat geloven jullie dan wel als jullie niet geloven wat Cathy heeft gezegd?'
'Wat denk je?'
'Nee, wat denken jullie?'
'Pat, ze heeft haar zwangerschap laten afbreken of ze krijgt een kind, en zoals jij me terecht onder mijn neus hebt gewreven, moet ze in dat geval deze maand bevallen.'
'En wij weten het niet?'
'We weten het niet.'
'We weten niet eens waar ze is?'
'Nee.'
Toen was ma gaan huilen en ze huilde met haar hoofd op haar armen die op tafel lagen. Haar tranen stroomden recht op de borden en het eten. En pa was opgestaan en naar haar toe gelopen. Hij had haar onhandig op haar schouder geklopt en Pat had hetzelfde op de andere gedaan.
'Stil maar, Peg,' had pa telkens gezegd.
'Stil maar, mam,' had Pat telkens gezegd.

Het was moeilijk geweest om eindexamen te doen zonder te weten waar je zus was, of ze nog leefde of dood was, en zonder te weten of je wel of geen tante was geworden. Maar Pat was doorgegaan en had het gehaald. Ze was voor al haar vakken geslaagd met goede cijfers. De jongste dochter van Peggy en Hugh was onderweg naar de universiteit van Dublin om zich als studente aan Belfield in te schrijven.

Cathy schreef dat jaar vlak voor Kerstmis een brief naar huis. Ze zei dat ze genoeg menselijke ellende had gezien in haar praktijk in Londen om te beseffen dat de meeste problemen van het leven werden veroorzaakt door gezinnen. Ze zou graag heel oprecht willen zeggen dat de ruzies die ze hadden gehad, helemaal aan haar te wijten waren geweest. Ze vroeg om vergeving en als ze het goed vonden wilde ze met de kerst graag naar huis komen, maar omdat ze zo moeilijk had gedaan en zo lang, meer dan een jaar, geen contact meer met hen had gehad, zou ze het goed kunnen begrijpen als ze nee zeiden. Ze gaf haar adres door voor een reactie. Het was in Hackney. Ma en pa hadden vijf minuten nadat de brief was aangekomen een telegram gestuurd. Daarin stond: 'Welkom thuis, lieve Cathy, bij de idiootste ouders en voor de mooiste kerst.'

Cathy had ook een brief aan Pat geschreven.

'Misschien vraag je je af wat de verloren dochter in haar schild voert. Ik wil je niet jaloers maken. Ik zal je alles vertellen wat je weten wilt, als je iets wilt weten, zodra ik je zie. En als je geen tijd voor me hebt, dan begrijp ik dat ook. Het was buitengewoon egoïstisch van me om weg te gaan en je als tiener in je laatste jaar op de middelbare school achter te laten en je in je eentje op te laten boksen tegen alle traumatische en dramatische gebeurtenissen. Maar in tijden van crisis denken mensen uitsluitend aan zichzelf, of liever gezegd ik deed dat. Ik hoop dat het weerzien geen tegenvaller wordt. Ik heb met mijn meeste vrienden geen contact onderhouden, dus vraag ik je wat mensen uit te nodigen zodat de sfeer in huis niet al te nerveus wordt en onze verwachtingen niet al te hooggespannen. Ik zal gauw ophouden met vragen en nemen, en eens wat terugdoen. Dat beloof ik.'

Pat had dit erg verstandig gevonden. Ze nodigde haar vrienden van de universiteit uit voor de avond dat Cathy terugkwam. Ma was naar het vliegveld gegaan om haar af te halen en tegen de tijd dat Pat thuis kwam, verliepen de gesprekken heel normaal. Eigenlijk zo normaal dat het bijna angstaanjagend was. Het leek of Cathy niet weg was geweest, alsof er geen waas van geheimzinnigheid over de gebeurtenissen van het afgelopen jaar hing. Cathy had gezegd dat Pat er fantastisch uitzag en dat studenten zich beter kleedden dan in haar tijd. Er was geen tijd geweest voor meer gesprekken, omdat ze de bisschopswijn moesten klaarmaken waarbij druk werd gediscussieerd over wat je moest doen om die te verwarmen en te kruiden en hoe je ervoor kon zorgen dat de alcohol er niet uit kookte. Pat was verbijsterd geweest over het feit dat ze allemaal heel natuurlijk in de keuken stonden te lachen, toen vader had gezegd dat hij elk mengsel dat ze brouwden zou testen voor het geval de smaak moest worden bijgesteld. 'Je bent niets veranderd, pa,' had

Cathy lachend gezegd en niemand had met de ogen geknipperd toen ze dat zei. Iedereen was nu op de hoogte van haar lange afwezigheid. Er kon over worden gepraat zonder dat er vragen werden gesteld.

Zo hadden ze de kerstdagen doorgebracht en aan het eind van de feestdagen leek het heel natuurlijk toen Cathy zei dat ze gauw voorgoed terug wilde komen, zodra ze een vervangster had gevonden. Ze zou op het kantoor van Ian gaan werken, waar over een paar maanden een vacature kwam. Pat had vreemd opgekeken toen ze Cathy en Ian Kennedy door de winterse wildernis van de tuin zag kuieren terwijl ze aan struiken plukten en wezen naar wat er moest gebeuren met harde bloembedden die bevroren leken. Wat ging er om in dat rode hoofd van Ian Kennedy? Vroeg hij zich niet af waarom Cathy zijn kind alleen in Londen ter wereld had gebracht, in een ziekenhuis zonder vrienden die haar kwamen opzoeken? Maakte hij zich geen zorgen over zijn kind, hun kind, dat was afgestaan aan een adoptie-instelling zonder ooit te zullen weten wat het zou moeten weten?

Vroeg Ian Kennedy zich af of Cathy heel lang geleden naar een dokter in Engeland was gegaan om een afspraak te maken voor een abortus, waarna ze een nacht was overgebleven in een van die privé-klinieken waarvan iedereen afwist, waar een eenvoudige, onder narcose verrichte ingreep ervoor zou zorgen dat het kind van Cathy en Ian nooit het levenslicht zou aanschouwen? Hij was toch niet zo dom om te denken dat een zwanger meisje zomaar langer dan een jaar kon verdwijnen; hij geloofde toch niet zomaar dat de zwangerschap loos alarm was geweest?

Mensen gedroegen zich echt steeds vreemder, vond Pat. Hoe ouder ze werden, des te vager kwamen ze over. De brieven van Ethna bevatten nu aardige woorden van welkom voor Cathy. Was ze heel dat gedoe over straf, hardvochtigheid en bidden voor haar vergeten? Wanneer mensen eenmaal gesetteld waren, leken ze hun contact met de werkelijkheid te verliezen en bouwden ze een leuke, knusse wereld voor zichzelf.

Ze had dit een paar keer aan Rory verteld en hij had geprobeerd het te begrijpen. Maar Rory dacht dat heel haar leven bedrog was en dat iedereen die op de een of andere manier in een eigen huis woonde, geen contact meer had met de werkelijkheid. Rory studeerde economie, was veruit de briljantste student van zijn jaar en een grote doorn in het universitaire oog. Rory had economische argumenten voor de revolutie die niemand kon weerleggen. Rory was het met Pat eens dat het hele gedoe rond Cathy erg onrealistisch was. Rory zei dat hij van Pat hield en Pat wist heel zeker dat ze van Rory hield.

'Het is niet goed om in je eerste jaar aan de universiteit een relatie met iemand te hebben,' had Cathy gezegd. 'Dat bindt je aan handen en voeten. Je moet de vrijheid hebben rond te zwerven en na te gaan wie je wel en wie je niet mag. Je moet veel mensen leren kennen en niet met zijn tweetjes aan elkaar blijven plakken als de dierenparen die aan boord van de ark van Noach gingen.' Pat vond die opmerking niet leuk. Het deed haar te sterk aan Cathy denken die had gezegd dat ze niet met Ian kon trouwen. Bovendien betekende het kritiek op Rory. En dat was niet toegestaan.

Pa en ma konden niets slechts aan Rory ontdekken; dat wilden ze wel, maar ze konden niets vinden. Hij leidde haar zeker niet van haar studie af; feitelijk stond hij erop dat ze harder werkte dan waartoe ze bereid was. Hij zei dat haar opstellen onvoldoende onderbouwd waren; hij leende haar boeken, ging met haar naar de bibliotheek en zat tegenover haar. Het was gemakkelijker om die stomme dingen te doen dan uitvluchten te verzinnen. Hij hield haar niet bij alle nachtelijke feesten vandaan. Hij had pa en ma uitgelegd dat hij niet veel dronk en dat het risico dat hij 's avonds laat dronken achter het stuur van zijn kleine, gehavende wagen kroop, dus nihil was. Als ze weggingen naar congressen of studentenfeesten in Cork of Galway, lukte het Rory altijd die ene zin te zeggen die pa en ma geruststelde. 'Ik breng Pat eerst naar de meisjesflat zodat ze zich al een beetje kan installeren en daarna ga ik kijken waar de mannelijke studenten slapen...' Een triviale opmerking waardoor pa en ma zich niet hoefden af te vragen hoe de stand van zaken was.

De stand van zaken was precies zoals Rory een hele tijd had aangegeven.

'Ik neem aan dat je denkt dat het stom is om het niet te doen,' had Pat gezegd.

'Stom, nee. Jammer, ja,' had Rory gezegd. 'Ik laat het helemaal aan jou over. Ik geloof niet in druk uitoefenen. Er is te veel mis omdat mensen zich gedwongen voelen dingen te doen om in de smaak te vallen. Maar volgens mij heb je het mis. We zouden er allebei een heleboel plezier aan beleven en het zou niemand kwaad doen. We bedriegen niemand en we kunnen er zeker van zijn dat we niet op onverantwoorde wijze een kind maken dat we niet willen. Dus jammer is alles wat ik ervan kan zeggen.'

Ze aanbad Rory: zijn gedrevenheid en zijn jongensachtig enthousiasme. Ze ging naar het consultatiebureau voor geboorteregeling. Ze kende de arts die op die dag dienst had. Hij was een vriend van haar vader. 'Blij je te zien. Je bent heel verstandig,' had de vriend van pa gezegd. Hij vroeg niet om een verklaring, was niet nieuwsgierig en veroordeelde haar niet. Het was allemaal heel eenvoudig. Waarom had Cathy dit niet gedaan? Zelfs in haar tijd waren er zulke instanties.

Cathy was nog steeds een mysterie. Ze was er en woonde heel rustig thuis. Als iemand haar ooit vroeg naar de cursus over de EU-wetgeving die ze zogenaamd had gevolgd, schudde ze haar hoofd en zei dat ze die uiteindelijk niet had gedaan en dat ze voor het wijkbureau Oost-Londen had gewerkt. Ma had gelijk gehad met haar methode om de dingen eenvoudig te houden en geen slapende honden wakker te maken. Cathy kwam terug en nam de draad min of meer weer op waar ze die had verbroken. Alleen die periode, al die maanden bleven onverklaarbaar. Wat had ze gedaan, wat had ze gedacht? Ze was nu zo rustig. Soms ging ze met Ian en soms met andere mensen naar het theater. Ze ging met twee meisjes op vakantie naar de Griekse eilanden en keek 's avonds af en toe met pa en ma televisie.

Pat had er met Rory over willen praten. 'Is het voor hen gewoon om er niet over te praten? Is dat normaal? Ik bedoel, ze is nu thuis en niemand die ooit iets zegt over het feit dat ze zwanger van huis wegging, veertien maanden wegbleef en terugkwam alsof er niets was gebeurd.'

'Hm.' Rory zat te lezen.

'Maar waarom, waarom zeggen ze niets? Het is net als niet zien dat iemand naakt is of niet praten over iemand die een auto-ongeluk heeft gehad of in de gevangenis zit. Het is niet reëel.'

'Hm. Inderdaad,' zei hij.

'Maar ze schijnen het niet te willen weten. Ik ben de enige. Alleen ik wil het weten.'

'Waarom vraag je het haar dan niet?' zei Rory.

'Cathy, heb jij wel eens problemen gehad met de pil? Je weet wel, dat je van merk moest veranderen of zoiets?'

Cathy keek op van de papieren die ze bestudeerde. Ze zat aan het grote bureau in haar slaapkamer die ze in een soort studeerkamer had veranderd. 'Nee, ik heb de pil nooit geslikt, dus heb ik er ook nooit problemen mee gehad.'

'Helemaal nooit?'

'Nee.'

'Wat opmerkelijk.'

'Pat, je bent twintig, binnenkort eenentwintig. Je bent dus absoluut geen wijze oude socioloog die commentaar levert op de grappige dingen in de samenleving.' Cathy lachte vrolijk bij die woorden.

'Ja, maar... nooit?'

'Nooit. Als ik hem wel had geslikt, was dat ongelukje – je weet wel – niet gebeurd...'

'Ja, maar na dat ongelukje...?' Pat had het gevoel alsof ze door een mijnenveld liep. Ze moest luchtig en nonchalant blijven praten.

'O, na het ongelukje had ik niet... hoe zal ik het zeggen... ik had de hulp van een anticonceptiepil niet nodig.'

'Helemaal niet?'

'Nee.' Cathy glimlachte ontspannen en kalm alsof ze zaten te praten over het verplanten van overblijvende planten.

'O.'

'Dus kan ik je niet goed helpen. Maar je kunt naar een dokter gaan en er met hem over praten. Hij zal een andere voorschrijven.'

'Ja, dat is een goed idee. Cathy?'

'Ja?'

'Weet je nog die keer... dat ongelukje... wat is er gebeurd?'

'Wat bedoel je daarmee?'

'Ik bedoel, ben je ermee doorgegaan? Heb je de baby gekregen?'

'Heb ik wat?'

'Heb je de baby gekregen? In Londen?'

'Hé, wat is dit? Een grap?'

'Nee, serieus. Ik zou willen dat je het me vertelde. Ik vind het vreselijk dat we allemaal komedie spelen, het is zo gemaakt.'

'Wat moet ik jou vertellen?'

'Toen je naar Londen ging, heb je toen een baby gekregen?'

'Nee, natuurlijk niet. Voel jij je wel goed? Wat een rare vraag. Heb ik een baby? Waar is die dan als ik dat kind heb gekregen. Moest ik hem in een telefooncel achterlaten?'

'Wat heb je dan gedaan? Heb je een abortus laten doen?'

'In alle ernst, is dit een spelletje of zo? Natuurlijk niet. Waar heb je het in hemelsnaam over...?'

'Maar je was zwanger.'

'Nee. Dat dacht ik, maar dat was niet zo.'

'Je was wel zwanger. Pa weet het. Dat zei hij toen je weg was.'

'O nee, dat kan hij niet hebben geweten. Ik heb geschreven dat het loos alarm was.'

'Hij geloofde je niet.'

'Luister, ga nou niet een heleboel oude koeien uit de sloot halen. Er was niets. Waarom stel je al die vragen?'

'Ben je daarom met alles gestopt, met kerels en vrijen?' vroeg Pat. 'Ze zeggen dat je er erg depressief van kan worden.'

'Ik heb geen abortus gehad en ik ging niet met elke kerel naar bed en ik ben nergens mee gestopt.'

'Natuurlijk zeg je dat.'

'Hemel, wat is dit, Pat, een van de revolutionaire tribunalen van Rory? Je hebt me ongeveer tien vragen gesteld en ik heb ze allemaal eerlijk beantwoord. Dat vind ik tamelijk goed van mezelf omdat het jou niets aangaat.'

'Het spijt me.'

'Nee, het spijt je niet. Je wilt deel uitmaken van zo'n afschuwelijke groep waarin iedereen afschuwelijke, egoïstische, vervelende details vertelt van de dingen die ze deden, dachten, voelden en wat ze daarna deden en wat ze vervolgens dachten en hoe ze zich toen voelden... Ik kan dat niet uitstaan. Zelfs Woody Allen vindt dat belachelijk. Dat lost de problemen in de wereld niet op.'

'En die zijn?'

'Dat weet ik niet, maar de problemen van heel veel mensen worden opgelost door er geen drama's van te maken.'

'En ben je daarmee bezig?'

'Ik weiger drama's te verzinnen, ik weiger om mezelf daarin de hoofdrol te geven.'

'Het spijt me dat ik erover ben begonnen.'

'Mij niet, maar ik ben blij dat je ermee bent opgehouden.' Cathy grijnsde.

Pat grijnsde wat halfslachtig terug.

'Begrijp je, ze moet wel liegen. Ergens klopt haar verhaal niet.' Pat fronste haar wenkbrauwen terwijl ze de dingen op haar vingers natelde.

'Er zijn momenten dat je erg vervelend kunt zijn, Pat,' zei Rory.

Ze was gekwetst en boos. 'Jij analyseert vaak wat mensen zeggen en waarom de samenleving ons dwingt leugens te vertellen en een rollenspel te spelen. Waarom vind je het vervelend als ik dat doe?'

'Omdat het steeds dezelfde onzin is.'

'Hoe bedoel je?'

'Je hebt zelfs niet alle mogelijkheden meegenomen.'

'Jawel. Ze was niet zwanger of ze was het wel en dan heeft ze een baby gekregen of een abortus laten doen.'
'Ze kan ook een miskraam hebben gehad, suffie.'

Dat was een jaar geleden geweest. Pat herinnerde zich het gesprek woordelijk. Ze hadden allemaal op de een of andere manier op een keerpunt gestaan. De volgende dag, de dag na het verhoor, zei Cathy dat zij en Ian gingen trouwen. Het nieuws kwam samen met een brief van Ethna. Ze verliet de kloosterorde. En iedereen zou zich waarschijnlijk herinneren dat ze heel veel had geschreven over pater Fergus. Nou, Fergus zat op dat moment in Rome en het uittredingsproces was heel ver gevorderd. Zij en Fergus zouden in de zomer in Rome trouwen. Daarna zouden ze naar huis komen en proberen om een baan in het onderwijs te krijgen. Het zou niet moeilijk zijn. Allebei hadden ze heel wat diploma's en heel veel ervaring.

'Het loopt allemaal zoals jullie wilden, hè ma?' had Pat gezegd.

'Wat jullie willen is belangrijk, dat weet je,' had ma gezegd. Ze had een beetje in zichzelf gelachen en geprobeerd de triomfantelijke blik van haar gezicht te halen.

Dat moment was ook voor Pat een keerpunt in haar leven geweest. Rory had haar verteld over de Zuid-Afrikaanse vrouw Cellina. Pat had Cellina gemogen; ze had haar geholpen bij de organisatie van een solidariteitscampagne voor medestudenten in Afrika en ze had haar voorgesteld aan Rory. Ze was blij geweest toen bleek dat Rory Cellina mocht. Ze had niet precies gezien hoe graag hij Cellina mocht, tot hij het haar vertelde.

Ze was gestopt met de pil. Om de heerlijke ouderwetse woorden van Cathy te gebruiken, ze had de hulp van een anticonceptiepil niet nodig. Ze werkte hard aan haar proefschrift en ze verzette ook thuis veel werk. Een bruiloft voor Cathy, met de Kennedy's die hun genoegen daarover even luid uitschreeuwden als pa en ma. Daarna het reisje naar Rome. Waarom niet? Als Ethna zoiets geweldigs deed, dan moesten ze er allemaal bij zijn en dat waren ze ook. Ma had Ethna terug en ze had Cathy terug.

Maar ze stond op het punt Pat te verliezen. Misschien tijdelijk, wie zou het zeggen? Rory was teruggekomen uit Bonn waar hij en Cellina hadden gewoond. Hij was alleen teruggekomen. Ze hadden elkaar vaak ontmoet in de twee weken dat hij terug was. Het leek dom en jammer om niet met hem naar bed te gaan. Ze beleefden veel plezier aan elkaar en ze kwetsten niemand omdat Cellina het nooit te weten zou komen. En bedrogen ze iemand? Het woord bedrog is zo subjectief.

Maar nu was Rory terug naar Bonn en volgens Holles Street, dat het in zulke gevallen nooit bij het verkeerde eind had, was het positief. En Pat had in de loop der jaren genoeg geleerd om Lieve Mona niet te geloven. Ze kon maar beter alleen naar Londen gaan. In verband met haar werk. En de mogelijkheid om een plek te krijgen aan de London School of Economics. Ja, dat zou een goeie zijn. Ze had het daar vaak over gehad. Pa en ma zouden wel belangstelling hebben voor zo'n project.

En zo lang ze regelmatig schreef en gelukkig leek, was dat het belangrijkste.

Geruchten in Montrose

Die ochtend werden zeven mensen wakker en bedachten dat dit de dag was waarop Gerry Moore uit de ontwenningskliniek kwam. Natuurlijk zou hij niet genezen zijn. Je werd niet beter als je alcoholist was. Vier van die zeven haalden hun schouders op en dachten dat hij misschien geen echte alcoholist was – die dingen werden tegenwoordig zo overdreven. Elke man kende in zijn leven een periode dat hij te veel dronk, maar nu kwam alles van binnenuit, het zat in de klieren en in de bloedstroom, en er waren allergieën en verslavingen waarvan je vroeger nooit had gehoord. Twee mensen wisten maar al te goed dat hij alcoholist was, terwijl de laatste die op deze ochtend wakker werd en zich verheugde op het ontslag van Gerry uit het tehuis geen enkel moment had geloofd dat er ook maar iets met hem aan de hand was. Hij was opgenomen om lekker uit te rusten, meer niet.

De moeder van Gerry was drieënzeventig. Ze had in haar hele leven nooit een schandaal meegemaakt en dat zou ook nu niet gebeuren. Ze had helemaal alleen vijf jongens grootgebracht. Drie zaten nu in het buitenland en hadden allemaal een goede baan; twee waren nog in Ierland onder wie Gerry, haar lievelingszoon. Een grote, onschuldige beer van een kerel die geen vlieg kwaad deed. Hij werkte te hard, dat was het probleem en Gerry had haar vaak verteld dat in zijn werk de kroeg de beste plek was om klanten te ontmoeten. Een volwassen man kon in een kroeg niet als een baby achter een glas sinaasappelsap zitten! Natuurlijk moest een man drinken met de mensen met wie hij sprak, anders zouden ze hem niet vertrouwen. Zijn gezondheid was achteruitgegaan door al dat late werken. Dat had hij tegen haar gezegd. Hij moest zes weken in een ontwenningskliniek worden opgenomen om volledig tot rust te komen. Niemand mocht op bezoek komen. Hij zou in de eerste week van mei worden ontslagen, had hij gezegd. Nu was het begin mei en hij zou helemaal in orde naar huis komen. Als iemand tenminste helemaal in orde kon zijn in het huis dat zijn lieve Emma voor hem bestierde. Stop. Ze mocht niets over Emma zeggen, omdat iedereen vond dat Emma het allerbeste was sinds de uitvinding van gesneden brood. Hou je mening over Emma voor je. Zelfs haar zoon Jack had gezegd dat Emma een wandelende heilige was. Jack! Die nooit iemand opmerkte...

Jack Moore werd die ochtend wakker met een drukkend gevoel op zijn borst. Het duurde even voordat hij het kon thuisbrengen. Hij bedacht welke dingen er de oorzaak van konden zijn. Nee, hij had geen ruzie met meneer Power in de showrooms; nee, hij hoefde geen grote zak wasgoed naar de wasserette te brengen. Nee, er was geen rekening van de garage voor zijn auto – en toen herinnerde hij het zich. Gerry kwam vandaag naar huis. Hij had erop gestaan op eigen gelegenheid een bus naar huis te nemen, nee, hij wilde niet dat iemand hem oppikte, hij wilde niet lijken op een rolstoelgeval. Hij moest zijn eigen leven toch zelf weer in goede banen zien te leiden. Jack wist dat het bezoek aan de ontwenningskliniek een belangrijk gespreksonderwerp zou worden, een drama, een beetje glamour, net zoals het verlies van zijn rijbewijs was geweest. Gerry had hen in de ban gehouden met zijn verhaal over de jonge agent die hem vroeg in het zakje te blazen. De grappen van Gerry hadden zelfs de agenten laten glimlachen. Uiteindelijk had het natuurlijk niets uitgehaald. Zijn rijbewijs werd voor een jaar ingetrokken. Emma had in tien dagen vijfentwintig rijlessen genomen en was geslaagd. Zij reed in de auto en dacht er altijd aan het sleuteltje uit het contact te halen als ze zowel de auto als Gerry thuis achterliet. Emma was een heilige, echt een heilige. Hij hoopte dat haar kinderen dat beseften.

Paul en Helen Moore werden wakker en bedachten dat papa vandaag naar huis kwam. Ze waren tijdens het ontbijt veel stiller dan anders. Hun moeder moest hen aan het goede nieuws herinneren. Als ze van school thuiskwamen zou papa er weer zijn, genezen van zijn kwaal, mochten ze hopen. Hun gezichten stonden ernstig. Maar ze moesten opgewekt zijn, zei hun moeder, want nu zou alles goedkomen. Papa was uit eigen beweging naar een plek gegaan waar ze hem tests afnamen en waar hij kon rusten en therapie kreeg. Nu wist hij dat alcohol voor hem vergif was en hij zou er vanaf blijven. Paul Moore was veertien. Hij zou na school bij zijn vriendje Andy gaan spelen, maar dat was nu geen goed idee. Niet als je vader weer helemaal beter thuiskwam. Hij vroeg zijn vrienden nooit bij hem thuis te komen spelen. Nou goed, het was maar voor één dag. Helen Moore was twaalf. Ze wilde dat haar moeder niet zo bleef zeuren met zo'n valse glimlach om haar lippen. Je kon eigenlijk beter net zo als pater Vincent zijn, die zei dat de Heer dingen regelde zoals de Heer dat het beste vond. Pater Vincent geloofde dat de Heer het voor papa het beste vond om het grootste gedeelte van de tijd dronken te zijn. Of dat leek pater Vincent tenminste te denken. Hij was nooit echt duidelijk.

Pater Vincent werd wakker en wenste dat Gerry Moore een gezicht had waarop meer was af te lezen. Hij had hem tijdens zijn kuur zes keer bezocht. Gerry was tenslotte de opgewektste patiënt in de ontwenningskliniek gebleken; hij had verpleegsters, nonnen en andere patiënten geamuseerd met zijn verhalen over mensen die hij had gefotografeerd, zijn avonturen, de fouten die hij net op tijd had gecorrigeerd en de rampen die hij op wonderbaarlijke wijze had voorkomen. Alleen bij de priester had hij een ernstig gezicht getrokken – zoals andere mensen even een regenjas aantrekken – iets wat hij in het echte leven niet zo gauw zou doen. Ja, Gerry had de aard van zijn ziekte begrepen en wat een pech – massa's andere kerels konden drinken wat hij dronk en kwamen er ongestraft van af. Maar hij zou de drank af moeten zweren. Verdorie. Maar toen had de priester hem verhalen horen vertellen over het op locatie fotograferen van filmsterren en het persoonlijk ontmoeten van beroemdheden. Hij scheen zich niet meer te herinneren dat hij al vier jaar lang geen fotosessie had gedaan en dat hij de laatste twee jaar geen echte opdracht meer had gekregen. De meeste tijd bracht hij drinkend door met die vriend van hem van de Ierse omroep, de kerel die kennelijk in staat was zijn werk om twaalf uur 's middags af te ronden om vervolgens de rest van de dag bij Madigan's door te brengen. De arme Gerry noemde hem een harde vent. Des, de harde vent. Pater Vincent hoopte dat Des-de-harde-vent van enig nut zou zijn als Gerry hieruit kwam. Maar hij betwijfelde het. Des leek geen zuil waar je op kon steunen.

Des Kelly werd zoals altijd om vijf uur 's ochtends wakker. Hij gleed voorzichtig uit bed om Clare niet wakker te maken, iets waarin hij in de loop der jaren een expert was geworden. Zijn kleren lagen in een kast op de overloop zodat hij zich in de badkamer kon aankleden zonder haar te storen. Binnen een half uur was hij gewassen, aangekleed en had hij zijn cornflakes op; zijn koffie dronk hij in zijn studeerkamer en daar stak hij ook zijn eerste sigaret van de dag op. Allemachtig, het was fantastisch dat Gerry eindelijk uit de ontwenningskliniek werd ontslagen. De stakker zou blij zijn als hij daar weg kon. Hij was een keer bij hem op bezoek geweest en had de helft van de mensen in de zitkamer gekend of half gekend. Gerry voelde zich die dag niet goed, dus had hij een briefje achtergelaten met de boodschap dat hij hem zou bellen. Hij had zich vreselijk hulpeloos gevoeld, omdat zijn automatische reactie was geweest een fles whiskey voor hem achter te laten. Toch was het nu allemaal voorbij en er was geen kwaad aangericht. Ze hadden al het gif uit hem gepompt, hem gezegd er een tijdje langer mee te kappen en er daarna rustig mee om te springen. Of liever gezegd, Des nam aan dat ze zoiets tegen hem hadden gezegd. Het klonk in ieder geval logisch. Als je zo onder het spul doorging als die stakker van een Gerry de afgelopen maanden was overkomen, dan was het verstandiger er een tijdje mee te stoppen. Wat hij niet uit kon staan, was dat ze er zo'n schijnheilige onzin over maakten en zeiden dat het een ziekte was. Er was in Dublin niemand zo fit als Gerry Moore. Hij had een beetje pech gehad. Maar nu had hij tijd om de balans op te maken en zijn carrière weer op de rails te zetten. Hij zou zo weer aan de top staan. Dat wil zeggen als betweter Emma, als waar-het-ook-over-gaat-ik-ben-de-expert Emma, hem niet onder de duim hield en elk beetje leven dat nog in hem zat regelrecht uit hem perste. Gerry zou op z'n tellen moeten passen, want met een vriend als die enge pater Vincent, met een broer met een gezicht als een lijkbidder als Jack, en met een vrouw als Emma die alles beter wist, had die arme Gerry een paar echte vrienden hard nodig. Een van de weinige dingen waarover hij en Clare tegenwoordig nog hetzelfde dachten, was dat ze niet konden begrijpen hoe een prima kerel als Gerry Moore met die Emma had kunnen trouwen. Des zuchtte omdat het allemaal zo'n mysterie was en opende zijn bestand; op dit moment van de ochtend leverde hij altijd het beste werk af.

Emma werd laat wakker. Ze had de afgelopen nacht nauwelijks een oog dichtgedaan, maar was als een blok in slaap gevallen toen het al licht begon te worden. Ze had er nu spijt van dat ze niet om zes uur was opgestaan toen ze zich zo rusteloos voelde; de drie uur extra waren de moeite niet waard. Ze tuimelde uit bed en liep naar de wastafel. Ze maakte zich ervan af met wat haar moeder een *kattenwasje* had genoemd. Ze lachte omdat ze de uitdrukking zo lang gewoon had gevonden en zich er pas vandaag over verwonderde. En juist vandaag was ze laat op en bekeek haar gezicht in de spiegel, terwijl ze mijmerde over de betekenis van oude uitdrukkingen uit haar jeugd. Ze trok haar lichtblauwe trui en een spijkerbroek aan en rende de trap af. Paul en Helen wierpen zo'n verwijtende blik op haar dat het leek alsof ze hen bij een cafetaria had afgezet.

'We hebben zelf voor ons ontbijt moeten zorgen,' zei Helen.

'Je komt te laat op je werk,' zei Paul.

'Het huis ziet er vreselijk uit nu papa thuiskomt,' zei Helen.

Met haar tanden in haar lip om niet te gaan gillen, lukte het Emma om zoiets als een glimlach op haar gezicht te toveren. Het was hun gelukt in de hele keuken koud én kokend water te morsen. Allemachtig, zo moeilijk is het toch niet om een elektrische waterkoker te vullen, en om daarna heet water in kopjes met oploskoffie te gieten? Ze zei het niet, ze wilde de retorische vraag niet stellen die toch alleen zou resulteren in schouderophalen en beschuldigingen van hun kant. Ze hadden Nescafé gemorst, niet alleen hun brood maar ook het aanrecht met boter besmeerd en vanaf de broodrooster lag een rij kruimels... Rustig, rustig.

'Goed, ga maar als jullie je ontbijt op hebben. Vanavond hebben we een feestmaal. Is dat niet heerlijk?' Ze keek vrolijk van de een naar de ander.

'Waarom ben je niet op tijd opgestaan, mama, als het zo'n heerlijke dag is?' vroeg Helen.

Emma zou haar het liefst een ferme tik hebben gegeven. 'Ik heb bijna de hele nacht geen oog dichtgedaan en vlak voordat het licht werd, ben ik als een blok in slaap gevallen. Kom nou, jongens, jullie hadden al weg moeten zijn...'

'Duurt een feestmaal lang? Kan ik daarna naar Andy?'

'Ja!' snauwde Emma. 'Na het avondeten kunnen jullie doen wat je wilt.'

'Komt pater Vincent vanavond ook?' vroeg Helen.

'Lieve hemel, nee. Ik bedoel, wie zou hem gevraagd moeten hebben en waarom denk je dat hij misschien komt?' Emma klonk verontrust.

'Omdat hij toch vaak hier is bij een crisis?'

'Maar er is geen sprake van een crisis. Het is juist het einde van een crisis. Papa is weer beter, echt, helemaal beter. Al die vreselijke dingen met zijn ziekte zijn voorbij. Het is niet nodig dat pater Vincent komt.'

'Jij mag pater Vincent niet zo, hè?' zei Helen.

'Natuurlijk wel, ik mag hem erg graag. Ik weet niet waar je dat idee vandaan haalt. We hebben hem vanavond gewoon niet nodig.' Emma veegde, maakte schoon en zette dingen in de gootsteen onder het praten.

'Wie heb je liever, pater Vincent of meneer Kelly, die vriend van papa?'

Emma zette haar handen in haar heupen. 'Goed, is er nog iets wat je zou willen doen voordat je naar school gaat? Ik zie, ik zie, wat jij niet ziet? Misschien kunnen we woorden raden of monopolie voor de dag halen. Wegwezen jullie!'

Ze lachten en renden weg. Ze at de korsten van hun boterhammen op, spoelde de kopjes en borden af en rende de keuken uit naar de zitkamer. De kinderen hadden gelijk, het was een troep. Ze haalde diep adem en nam een belangrijk besluit. Een uur zou alle verschil maken. Alstublieft Heer, laat me iemand aan de lijn krijgen die begrijpend en aardig is, iemand die beseft dat ik geen lijntrekker ben.

'Hallo, spreek ik met de Ierse radio en televisie? Kunt u me doorverbinden met...' Nee, plotseling hing ze op. Het was al erg genoeg dat er één in het gezin was die de rest in de steek liet; zij had nog geen dag verzuimd sinds ze de baan als secretaresse in Montrose had gekregen en ze was echt niet van plan vandaag ook maar een uur te verzuimen. Ze veegde de grootste troep bij elkaar, schoof kranten en tijdschriften in de kast en verzamelde nog wat kopjes en glazen die de vorige avond waren blijven staan. Gerry was toch niet iemand die zag hoe het huis eruitzag.

Ze gooide een paar verwelkte bloemen weg en ververste het water in de vaas; vervolgens haalde ze haar welkom-thuis-kaart te voorschijn en schreef er 'veel liefs van ons allemaal' op. Ze stopte de kaart tussen de bloemen, rende naar buiten, trok de deur achter zich dicht, sprong op haar fiets en reed richting Montrose. Omdat ze wat later was dan anders, was er meer verkeer op de weg, maar dat vond ze niet erg. Ze zag het als een wedstrijd. Ze zou de strijd aanbinden met de auto's en de verkeerslichten en de hindernissen boven op de heuvel. Ze dacht aan leuke dingen: hoe ze in twee maanden tien kilo was afgevallen, dat haar spijkerbroeken weer pasten, dat iemand echt had gedacht dat ze een jonge vrouw was en geen moeder van veertig met een paar tieners. Ze dacht aan de fantastische bruine huidskleur die ze van de zomer zou krijgen; ze dacht erover naar de kapper te gaan voor een coupe soleil als het niet te duur was. Ze dacht aan van alles behalve aan haar man Gerry Moore.

Ze zouden Gerry Moore in de ontwenningskliniek erg missen. Dat kreeg hij zowel van de verpleegsters als de patiënten te horen. De dokter had die ochtend zijn laatste gesprek met hem en zei dat hij in veel opzichten behoorde tot de patiënten die met het meeste succes het programma hadden doorlopen omdat hij zich nooit had laten ontmoedigen.

'Je bent de hele tijd zo goed in vorm geweest, Gerry, dat je ook andere mensen hebt geholpen. Ik moet toegeven dat ik er aanvankelijk een hard hoofd in had. Ik dacht dat je gewoon je tijd uitzat om weg te komen en weer te gaan drinken.'

'Ik zou wel gek zijn,' zei Gerry. De arts zweeg. 'Ik weet het, ik weet het. Veel kerels hier zijn zo gek. Maar ik niet. Echt, ik weet waar ik nu mee bezig ben. Ik moet gewoon mijn manier van leven veranderen, meer niet. Dat zal me lukken. Ooit was mijn manier van leven een fantastische manier van leven, zonder drank. Die tijd komt terug.'

'Misschien kom je hier nog wel terug om eens lezing te geven,' lachte de dokter.

Gerry moest van meer dan tien mensen afscheid nemen. Hij beloofde dat hij ze nog eens zou komen opzoeken. 'Dat zeggen ze allemaal,' zeiden ze, maar toch geloofden ze Gerry Moore, omdat hij zo overkwam.

Zuster Dillon zei dat ze het vreemd vond dat een man als meneer Moore met zoveel vrienden niet wilde dat iemand hem kwam ophalen. Gerry had zijn arm om haar schouders geslagen, terwijl ze met hem naar de deur liep.

'Luister goed, ik ben nu magerder en veel knapper, ik ben gezond en niet gek. Ik ben een geweldige kerel in vergelijking met de vent die hier binnenkwam. Vind je niet dat ik mijn eigen weg naar huis moet volgen om de wereld naar me te laten kijken?'

Het hele stuk tot het eind van de laan wuifde ze hem na. Hij was een fantastische man, meneer Moore, en hij had natuurlijk gelijk, hij zag er nu geweldig uit. Je zou niet zeggen dat hij een oude kerel van vijfenveertig was.

'Zorg goed voor jezelf als je je eigen weg volgt,' riep ze.

Zijn eigen weg. Waar zou die hem in het verleden gebracht hebben? Denk er niet meer aan, maak het niet mooier dan het is... een smaak was alleen maar een smaak en niets bijzonders. Hij wist dat. Zoveel glamour had het nou ook weer niet. De kroegen waar hij naar binnen had kunnen gaan, zagen er niet uitnodigend uit, er waren geen vrienden die hem riepen om erbij te komen zitten; sommige waren smerig en deprimerend. Als hij er ooit met iemand aan de praat zou zijn geraakt, zou het met een verbitterde, neerslachtige man zijn geweest die hem achterdochtig zou hebben zitten aankijken. Pas als hij dichter bij huis kwam, zou hij in kroegen bekenden treffen. Vrienden. Maak het toch niet mooier dan het was. Het was geen doorlopend refrein geweest van 'Daar heb je Gerry, de beste kerel, deze kant op Gerry, wat wil je drinken?' Nee, zo was het niet geweest. Mensen hadden hem de afgelopen maanden gemeden, verdorie. Dat wist hij, hij had het gemerkt. Mensen die hij jarenlang had gekend. Tjonge, wat zouden ze opkijken als ze hem zagen met een groot glas tonic light aangelengd met een scheutje angostura – de alcoholvrije cocktail. Ha, wat zouden ze verbaasd zijn, omdat ze nooit hadden gedacht dat die oude Gerry Moore het in zich had om zijn leven te veranderen.

Gerry liep naar de bushalte. Hij had een koffertje bij zich. Hij had in de ontwenningskliniek niet veel nodig gehad, eigenlijk alleen zijn ochtendjas, pyjama's, een zak voor zijn was en een paar boeken, dat was alles. Waarom had zijn koffer vroeger altijd zo zwaar aangevoeld? O ja, natuurlijk, een fles drank voor noodgevallen en materiaal voor zijn werk. Nooit meer aandacht voor alcohol, nóóit meer, maar heel veel voor zijn werk. Hij verheugde zich op de maand die hij ervoor uit wilde trekken om voor zichzelf alles op een rijtje te zetten en na te gaan waar hij stond. Daarna zou hij een maand kaarten versturen waarop hij gespecialiseerd werk aanbood. Halverwege de zomer zou hij weer terug zijn op het punt waar hij was geweest, alleen beter. Er kwam een bus aan en hij stapte in. Vrolijk tastte hij in zijn zak naar het geld dat Emma hem had gebracht. Hij had geen geld willen aannemen, maar hij was natuurlijk zonder een cent op zak in de ontwenningskliniek opgenomen;

ze had hem geld gegeven voor fooien, taxi's of wat hij ook nodig had. Hij had het vreselijk gevonden om haar geld aan te pakken, erger dan wat ook.

Hij stapte uit in het centrum. Andere mensen liepen normaal rond, leek het; ze hadden geen problemen en hoefden geen belangrijke beslissingen te nemen. Ze keken in etalages of knepen hun ogen dicht tegen het zonlicht om te zien of de verkeerslichten groen of rood waren. Er slenterden een paar vroege toeristen rond, terwijl alle anderen een beetje gejaagd leken. Hij bekeek ze verbaasd; de meesten zouden geen problemen hebben met een paar borrels, een paar glazen bier, een fles wijn bij het eten, en toch zouden veel van hen er niet eens aan denken. Hij zag geërgerd een paar heilsoldaten voorbijlopen; hij ergerde zich altijd mateloos aan geheelonthouders. Negen van de tien wisten niet wat ze opgaven. Het was net zoiets als dat hij mango's of passievruchten had opgegeven, dingen die hij nog nooit had geproefd. God kon niet echt ingenomen zijn met zo'n offer; als hij al bestond, moest hij toch weten dat deze heilsoldaten een groep hypocriete uitslovers waren. Kalm, kalm. Niet meer aan drank denken alsof het zaligmakend was. Denk maar niet dat een borrel de wereld plotseling kleurt in aantrekkelijke, levendige tinten. De wereld was nu toch prima? Hij wilde nu toch geen borrel? Toch. Nou dan, waar maakte hij zich dan druk over?

Behendig sprong hij op lijn 10, die op het punt stond om weg te rijden. Vlak voor hem zag hij Clare Kelly. 'Knappe Clare... die had ik mooi gehaald, hè?' zei hij op een spottend galante toon om de rest van de bus te vermaken.

Clare vond het helemaal niet leuk dat ze hem tegen het lijf was gelopen. Gerry had dat wel door. Hij had haar altijd een afstandelijke, koele vrouw gevonden. Vol sarcasme en gevatte antwoorden. Arme Des had het thuis maar moeilijk. Des praatte tegenwoordig nauwelijks meer met haar, dat had hij vaak genoeg tegen Gerry gezegd. Hij had verteld dat hij en Clare eigenlijk geen echte gesprekken met elkaar voerden; ze leefden voortdurend op voet van oorlog waarbij nu eens de een, dan weer de ander won. Niemand kon zich herinneren wanneer de oorlog was verklaard, maar die toestand waarin ze elkaar vernederden bestond zowel thuis als in het openbaar. Niet dat het tegenwoordig vaak in het openbaar gebeurde. Clare had niet veel tijd voor de vrienden van haar man. Des vond het best. Ze mocht haar eigen kennissen hebben en haar eigen leven leiden, ze mocht lachen en grinniken met haar eigen vrienden, ze mocht andere mensen bespotten en kleineren. Hij vond het best. Gerry had veel medelijden gehad met Des, zijn beste vriend. Wat er in zijn eigen leven ook verkeerd mocht zijn gegaan, Emma lachte hem tenminste niet uit.

Clare was opgeschoven om plaats voor hem te maken. 'Je ziet er geweldig uit,' zei ze.

'Waarom ook niet, als je nagaat wat het allemaal gekost heeft,' zei hij lachend. 'Zal ik een kaartje voor je kopen? Twee keer naar... ga je naar huis of ben je onderweg om ergens de wereld te verbeteren?' Hij zweeg terwijl de conducteur wachtte.

'Naar huis,' lachte ze naar hem. 'Je bent niks veranderd, Gerry, ze hebben je levenslust niet van je afgepakt.'

'Nee, alleen de drank,' lachte hij vrolijk en gaf haar haar kaartje zoals je dat aan een kind zou geven. 'Hier, pak aan voor het geval we ruzie krijgen voordat we thuis zijn en we uit elkaar gaan.'

'Ben je nu onderweg naar huis van... je weet wel?'

'Ja, net ontslagen. Ze hebben me mijn eigen kleren teruggegeven, een paar piek om de eerste dagen door te komen en de namen en adressen van mensen die misschien een ex-alcoholist in dienst nemen...' Hij lachte, maar stopte daarmee, toen hij merkte dat Clare niet lachte.

'Had Emma je niet...? Het is vreselijk om zo in je eentje thuis te komen.'

'Ik wilde dat zelf. Emma zei dat ze me na het werk met de auto zou komen ophalen, die Des van jou zei dat hij me met een taxi zou komen afhalen, mijn broer Jack, dat zonnetje in huis, zei dat hij me na zijn werk thuis zou brengen, pater Vincent zei dat hij met een paar vleugels en een stralenkrans zou komen om me naar huis te begeleiden... maar ik wilde in mijn eentje naar huis. Daar kun je toch wel inkomen?'

'O, ja,' zei Clare die erin slaagde wat luchtige superioriteit in die twee woorden te leggen.

'Nou, hoe is het hier in de echte wereld allemaal gegaan?'

'Rustig, een stuk rustiger zonder jou.' Ze glimlachte niet toen ze dat zei. Ze zei het alsof hij een slechte invloed uitoefende, alsof hij iemand was die mensen van hun stuk bracht. Er was een nauwelijks verhulde teleurstelling merkbaar, omdat hij weer terug was. Hij glimlachte gemoedelijk alsof hij haar intonatie niet had gehoord. Hij moest erg rustig blijven; het was zinloos om zich te laten jennen, beledigingen te zien waar ze niet waren en zich minachtende of vijandige opmerkingen in te beelden; hij mocht niet in zijn schulp kruipen omdat mensen niet wisten hoe ze op zijn behandeling moesten reageren; hij mocht niet de benen nemen op zoek naar troost, omdat de wereld geen begrip toonde. Hij moest vriendelijk en kalm blijven.

'Ach, in dat geval zullen we een beetje leven in de brouwerij moeten brengen. God, de mens en de duivel hebben niks aan een rustige wereld, zoals men zegt.' Hij liet het onderwerp varen en trok haar aandacht met wat sloopwerk dat ze vanuit de bus konden zien. 'Hé, dat doet me ergens aan denken,' zei hij opgewekt. 'Heb je dat gehoord van die Ierse metselaar die op zoek was naar een baan...'

Clare Kelly keek hem aan terwijl hij het verhaal vertelde. Hij zag er slanker uit en zijn ogen stonden helder. Hij was in sommige opzichten een tamelijk knappe man. Natuurlijk was het jaren geleden dat ze hem nuchter had gezien, dus dat maakte wel enig verschil. Zoals zo vaak vroeg ze zich af wat mensen in hem zagen. Er zat geen verstand in; tussen zijn oren zat alleen zaagsel.

Ze glimlachte beleefd aan het eind van het verhaal maar dat kon Gerry niet schelen, want de busconducteur en drie mensen in de buurt hadden hard moeten lachen. En eigenlijk was de grap evenzeer voor hen bedoeld als voor Clare.

Hij was blij toen hij de bloemen zag. Dat was erg aardig van Emma. Hij zette zijn koffertje in de zitkamer en liep automatisch naar de kast onder de stereo om iets in te schenken. Hij had zijn hand al aan het deurtje toen hij het zich herinnerde. Hemel, wat waren die oude gewoonten toch sterk. Wat belachelijk dat hij al die weken in de ontwenningskliniek geen enkele keer automatisch naar alcohol had gegrepen, maar hier thuis... Hij herinnerde zich wat die aardige jonge zuster Dillon tegen hem had gezegd: hij zou thuis moeite hebben met de normale dingen, omdat hij zo gewend was ze met drank in verband te brengen. Ze had gezegd dat sommige mensen heel nieuwe dingen bedachten, zoals het drinken van bouillon als ze thuiskwamen. Bouillon? Hij had zijn neus opgehaald. Of Marmite of een vreemd drankje als warme chocolademelk. Die zuster Dillon was erg aardig geweest en had gedaan alsof de hele toestand domme pech was, net zoiets als de mazelen krijgen; ze was hem de laatste avond zelfs bouillon komen brengen en had gezegd dat hij haar wel uit kon lachen, maar dat het goed van pas zou kunnen komen. Hij had gezegd dat hij zo'n sterk karakter had, dat hij naar de kast met drank zou lopen om de flessen in de gootsteen leeg te gieten. Zuster Dillon had toen geantwoord dat zijn vrouw dat waarschijnlijk al voor hem had gedaan.

Gerry opende de deurtjes. In de kast stonden zes grote flessen rode limonade, zes flessen tonic en zes flessen Coca-Cola. Er stond een fles bitter lemon en een tiental blikjes tomatensap. Hij knipperde met zijn ogen. Het was een beetje eigenzinnig van Emma om al zijn alcohol weg te halen zonder ook maar iets te zeggen. Hij voelde ergernis langs zijn nek omhoogkruipen. Eigenlijk was het verrekte arrogant van haar. Hoe stond het met dat grote vertrouwen in hem en het feit dat ze hem niet onder druk wilde zetten, als ze zijn drank had weggegooid? Daar hadden de laatste flessen wijn uit een doos gestaan en twee flessen whiskey. Het geld groeide hem niet op de rug.

Heel erg ontdaan liep hij naar de keuken en legde zijn handen doelbewust op het aanrecht om tot rust te komen. Hij keek naar de afvoer. Zonder enige vorm van overleg had ze voor ongeveer twintig pond aan drank door de gootsteen laten verdwijnen. Toen viel zijn oog op een doos in de hoek van de keuken waarop met plakband een velletje papier met een boodschap was vastgemaakt. 'Gerry. Ik heb deze spullen uit de kast in de zitkamer gehaald om plaats te maken. Zeg maar waar je ze wilt hebben. E.' Zijn ogen vulden zich met tranen. Hij ging met de rug van zijn hand over zijn gezicht en snoof terwijl hij een lucifer aanstreek om het gas aan te steken en een kopje bouillon voor zichzelf te maken.

Mevrouw Moore had in de loop van de dag een keer of twee gebeld, maar er werd niet opgenomen. Die Emma met haar belangrijke baan. Ze was toch niet meer dan een veredelde typiste? Alleen omdat ze in Montrose zat, alleen omdat ze in de kantine aan dezelfde tafel had gezeten als Gay Byrne en met Mike Murphy door een gang had gelopen, alleen omdat ze Valerie McGovern een lift had gegeven en een hele tijd had gekletst met Jim O'Neill van Radio Twee, was ze toch niet zo bijzonder? Zeker niet, ze was gewoon een typiste. En een typiste met een hart van steen. Die vrouw had geen gevoel. Elk normaal mens zou toch een snipperdag hebben genomen om haar man te verwelkomen als die na zes weken thuiskwam? Emma niet. De arme kerel moest terugkomen in een leeg huis.

'Ha, je bent er, Gerry. Hoe gaat het, voel je je goed, ben je goed uitgerust?'

'Als een vechthaan, moeder, alles gaat voortreffelijk.'

'En hebben ze je medicijnen gegeven en injecties? Hebben ze goed voor je gezorgd? Ik begrijp niet waarom je niet naar het Vincent bent gegaan. Is dat te min? En je bent nog wel particulier?'

'Dat weet ik, moeder, maar ze doen daar geen kuur. Ik heb de hele kuur gevolgd, weet je, en het schijnt gewerkt te hebben. Maar natuurlijk weet je dat nooit. Je bent nooit echt zeker.'

'Wat bedoel je? Weet je niet zeker of alles goed met je is? Ze hebben je daar toch zes weken gehad? Luister Gerry, als je je niet goed voelt, dan moet je iemand anders raadplegen. Iemand die we kennen.'

'Nee, moeder, ik voel me prima, heus.'

'Wat hebben ze gezegd dat je moet doen, nog meer rusten?'

'Nee, integendeel. Bezig blijven, actief bezig zijn, mezelf moe maken.'

'Maar dat was toch de reden van je opname, dat je oververmoeid was?'

'Je weet net zo goed als ik waarom ik daar ben opgenomen. Het was de drank.'

Zijn moeder zweeg.

'Maar nu is het goed, ik weet wat ik mezelf aandeed en dat is allemaal voorbij.'

'Ze kramen een hoop onzin uit. Trek je niets aan van die kuren, Gerry. Er is niets met je aan de hand, je kunt net zo goed tegen drank als wie dan ook.'

'Dat helpt niet echt, moeder. Ik weet dat je het goed bedoelt, maar dat zijn niet de feiten.'

'Feiten, feiten... maak je niet druk over jouw feiten, of over hun feiten. Het feit is dat je vader elke avond net zoveel dronk als hij wilde en hij is er zeventig mee geworden. God hebbe zijn ziel. Hij zou nog veel langer hebben geleefd, als hij die beroerte niet had gehad.'

'Dat weet ik, moeder. Ik weet het en het is heel aardig dat je zo bezorgd bent, maar geloof me, ik weet het zelf het beste. Ik heb zes weken lang naar ze geluisterd. Ik mag geen drank meer aanraken. Het is vergif voor mij. Het is triest, maar zo is het.'

'Nou, we zullen wel zien. Een hoop moderne flauwekul. Emma heeft het me uitgelegd. Een hele hoop onzin. Toen ik jong was, hadden we wel betere dingen te doen dan brochures lezen en schrijven over dat je geen boter mag eten, en niet moet roken en drinken. Was het leven vroeger niet veel mooier toen we nog niet al die zorgen hadden?'

'Ja, moeder, zeker,' zei Gerry mat.

Het was een tijdje goed gegaan. Toen Gerry en Emma trouwden en hij een goede baan had. Je kon in de jaren zestig veel geld verdienen in de reclame: van een fles en een elegant glas tot een advies over het fotograferen van een nieuwe bank: de locaties, het personeel, de gebouwen. Hij had alle agenten gekend en er was nooit een tekort aan werk. Emma was zo enthousiast geweest over zijn werk – ze had gezegd dat zijn baan veel opwindender en dynamischer was dan die van haar. Ze had les gegeven in boekhouden en bedrijfsadministratie voor beginnende leerlingen. Ze had het nooit een carrière genoemd en ze was verrukt geweest toen ze kon stoppen met werken omdat ze in verwachting was van Paul. Kennelijk had ze ook niet meer aan de slag willen gaan toen Helen naar school ging en ze haar handen weer vrij had. Dat was ruim zeven jaar geleden geweest. Toen vervolgens de reclamemarkt was ingestort en er geen goede opdrachten voor fotografen meer waren, kon Emma ook niet meer terug naar haar oude vak. Ze wilden geen mensen die vijftien jaar lang aan de zijlijn hadden gestaan en waarom zouden ze? Dus werkte ze als typiste bij de omroep en prees zich gelukkig met die baan.

In de ontwenningskliniek hadden ze gezegd dat het niet erg zinvol was om te vaak achterom te kijken, want daardoor kreeg je medelijden met jezelf of werd je weemoedig. Of je ging beseffen dat wat er was gebeurd, onvermijdelijk was geweest en dat was ook niet goed. Je ging denken dat je niet verantwoordelijk was voor je daden. Laten we dus niet aan het verleden denken, aan die goede oude tijd. Hij maakte de bouillon en dronk die in de zitkamer op, terwijl hij er achterdochtig aan rook. Het was moeilijk om in deze kamer niet aan die goede oude tijd te denken met een foto van hun huwelijk in een zilveren lijst waarop ze allebei lachten en slank waren. Zijn vader en de ouders van Emma die inmiddels waren overleden, glimlachten nogal formeel. Zijn moeder had zelfverzekerd gekeken, alsof ze wist dat ze lang zou leven.

En dan de foto's van Helen en Paul, de series die hij had gemaakt. Ze waren prachtig, zeiden de mensen, zoals ze aan een muur van de alkoof hingen: een reportage van opgroeiende kinderen uit de jaren zeventig die voor je ogen volwassenen werden. Maar hun fotografisch groeiproces was ongeveer vijf jaar geleden opgehouden. Het leek wel of de kinderen waren blijven steken in een gat in de tijd.

Hij keek nog eens naar de huwelijksfoto en weer voelde hij de prikkeling in zijn neus en ogen die hij had gevoeld toen hij het briefje van Emma in de keuken las. Arme meid, ze was nog pas een kind van negenendertig en ze had met het salaris van een typiste twee jaar lang vier mensen onderhouden. Daar was het in feite op neergekomen. Natuurlijk was er af en toe een cheque voor hem binnengekomen, de royalty's van een paar van die geïllustreerde boeken; een paar cent voor een foto die hij uit zijn voorraad had opgediept voor een kalender, een paar cent voor toestemming om een foto opnieuw af te drukken. Maar hij had die cheques verzilverd en het geld zelf opgemaakt. Emma had het gezin onderhouden. Hemel, hij zou het weer goedmaken, echt. Hij zou haar elke stuiver terugbetalen en elk uur van bezorgdheid en angst voor haar goedmaken. Hij wreef weer door zijn ogen. Hij moest groot en sterk zijn. Gerry Moore was weer thuis en zou opnieuw de leiding over zijn gezin op zich nemen.

Emma wilde liever niet bellen als het rustig was op kantoor. Het was een te belangrijk telefoontje om plotseling op te hangen als ze het gevoel kreeg dat mensen naar haar luisterden. Bezorgd keek ze naar de klok. Ze wist dat hij nu thuis moest zijn en wenste dat ze meer had gedaan om hem te verwelkomen. Tegelijk streepte ze in gedachten de boodschappen af die ze tijdens de lunchpauze had gedaan om een feestmaal te koken. Ze hoopte dat hij zijn besluit om op eigen gelegenheid thuis te komen niet betreurde; thuiskomen in een leeg huis, in een ander leven na zes weken ontwenningskliniek was eigenlijk niet zo'n goed idee. Tot haar grote vreugde vulde het kantoor zich met mensen, zodat ze met haar rug naar hen toe naar huis te bellen.

'Hallo?' Zijn stem klonk een beetje onzeker en zelfs nasaal alsof hij verkouden was.

'Welkom thuis, lieverd,' zei ze.

'Je bent geweldig, Emma,' zei hij.

'Nee, dat ben ik niet, maar ik kom over anderhalf uur thuis en ik kan bijna niet wachten. Het is fijn dat je weer terug bent.'

'Het is hier heerlijk. Bedankt voor de bloemen en de kaart.'
'Wacht tot je ziet wat je vanavond krijgt – alsof je in een eersteklas hotel zit.'
'Ik ben genezen, dat weet je.'
'Natuurlijk. Je bent heel sterk en je hebt een geweldig leven voor je, wij allemaal.'

Zijn stem klonk echt alsof hij een kou had, maar misschien huilde hij – ze zou er niets over zeggen voor het geval dat hij echt huilde. Het zou hem van streek kunnen maken als ze liet blijken dat ze het merkte.

'De kinderen kunnen elk moment thuiskomen, je zult volop gezelschap hebben.'

'Het gaat prima met me, prima. Fijn dat je hebt gebeld. Ik dacht dat je daar niet kon bellen.' Ze had hem verteld dat privé-gesprekken uitdrukkelijk verboden waren. Ze had hem dat verteld om te voorkomen dat hij belde wanneer hij dronken was.

'O, ik heb stiekem gebeld omdat het vandaag een bijzondere dag is,' zei ze.

'Ik zal ervoor zorgen dat je daar snel weg kunt, maak je maar geen zorgen,' zei hij.

Ze herinnerde zich plotseling dat hij het vreselijk vond dat zij de kostwinner was.

'Dat is prachtig,' zei ze. 'Tot straks.' Ze hing op. Hij klonk fantastisch. Alstublieft God, laat alles alstublieft goedkomen. Er werkte iemand bij de omroep op kantoor die haar had verteld dat hij twintig jaar lang geen druppel meer had gedronken. Een leuke man met veel humor en erg succesvol, en toch zei hij dat hij als jonge vent een hopeloze zuiplap was geweest. Misschien was Gerry net zo. Dat moest ze geloven. Ze moest in hem geloven. Anders zou het mislopen.

Paul kwam als eerste thuis. Hij aarzelde even toen hij zijn vader de *Evening Press* zag lezen in de grote leunstoel. Het was geen zes weken geleden dat hij dat had gezien, maar veel langer – papa was in geen eeuwigheid thuis geweest.

Hij legde zijn boeken op de tafel.

'Je bent terug, geweldig!' zei hij.

Gerry stond op, liep naar hem toe en legde zijn handen op de schouders van zijn zoon. 'Paul, wil je me vergeven?' vroeg hij, terwijl hij de jongen recht in de ogen keek.

Paul schuifelde met zijn voeten en bloosde. Hij had zich nog nooit zo ongemakkelijk gevoeld. Waarom gebruikte zijn vader van die afschuwelijke, afgezaagde clichés? Dit was erger dan zo'n vreselijk oude film op de televisie. Of hij hem wilde vergeven? Het was afgrijselijk.

'Natuurlijk, papa,' zei hij, terwijl hij zich probeerde los te maken. 'Ben je met de bus thuisgekomen?'

'Echt, ik heb dat al een paar weken lang heel graag willen zeggen en ik ben blij dat ik de kans krijg voordat er iemand anders is.'

'Papa, het maakt niet uit. Het gaat nu goed met je en daar gaat het toch om?'

'Natuurlijk maakt het wel uit. Het heeft geen zin een zoon te hebben als je niet met hem kunt praten. Ik wil alleen zeggen dat ik me veel te lang aan mijn verantwoordelijkheid voor dit gezin heb onttrokken. Ik was iemand die wegliep, maar nu ben ik terug en het zal weer worden zoals het was toen jij nog een baby was, maar dat weet je niet meer... en nu ben je volwassen.'

'Ja,' zei Paul verrast.

'En als ik regels opstel over het maken van huiswerk en helpen bij de huishouding, verwacht ik niet dat je die gedwee opvolgt. Je mag best tegen me zeggen wie ik wel niet denk dat ik ben om jou te commanderen terwijl ik er niet was toen je me nodig had. Ik zal naar je luisteren, Paul, en ik zal antwoord geven. Samen zullen we er een echt gezin van maken.'

'Dat gaat misschien een beetje ver, maar ik ben blij dat je weer thuis bent, papa, en dat je genezen bent, echt.'

'Je bent een goeie jongen.' Zijn vader haalde een zakdoek te voorschijn en snoot zijn neus. 'Een goeie jongen. Bedankt.'

De moed zonk Paul in de schoenen. Het ging helemaal niet zo goed met die arme pa. Misschien was hij in de ontwenningskliniek zijn verstand kwijtgeraakt, met al die sentimentele onzin die hij uitkraamde en die tranen in zijn ogen. O verdorie, nu kon hij niet vragen of hij naar Andy mocht. Dat zou een hele opschudding teweegbrengen en misschien zou zijn vader in tranen uitbarsten. Jeetje, wat deprimerend.

Helen stapte onderweg naar huis de kerk binnen om met pater Vincent te praten.

'Is er wat aan de hand?' De geestelijke ging meteen uit van het ergste.

'Nee, mama zegt de hele tijd dat er geen crisis is, dus moet het goed zijn, maar ik kwam u vragen of u vanavond niet met een smoes bij ons langs kunt komen. Of u geen reden kunt bedenken voor een kort bezoekje...'

'Nee, mijn kind, je vader is vanavond weer thuis en ik wil me niet opdringen. Jullie zullen onder elkaar willen zijn. Vanavond niet, ik kom over een tijdje bij jullie langs, misschien over een dag of twee.'

'Ik denk dat het echt beter zou zijn als u nu, in het begin, langskomt.'

De pater wilde graag het beste doen maar wist niet wat dat was. 'Vertel eens, Helen, wat moet ik dan zeggen, wat moet ik doen? Waarom zou ik kunnen helpen? Als je me dat kunt uitleggen, dan kom ik natuurlijk.'

Helen dacht even na. 'Dat is moeilijk te zeggen, pater Vincent, maar ik dacht aan hoe het vroeger ging. Als u erbij was, ging het niet zo slecht. Meestal gedroegen ze zich fatsoenlijk als u erbij was, weet u wel, papa en mama. Dan maakten ze geen ruzie en scholden ze elkaar niet uit.'

'Ja, maar ik denk niet...'

'Voor u zag het er misschien niet zo uit, maar als u er niet was, dan dronk papa veel meer en zei hij afschuwelijke dingen en dan schreeuwde mama tegen hem dat hij ons niet van streek moest maken.'

Het kind leek erg ontdaan. Pater Vincent sprak gehaast: 'Dat weet ik, dat weet ik en er zijn heel veel gezinnen waarin zulke dingen gebeuren. Denk niet dat alleen bij jullie soms wordt geschreeuwd, neem dat van mij aan. Maar je vergeet één ding, Helen, je vader is genezen. Goddank wilde hij de kuur uit eigen beweging doen. Dat was heel moeilijk en het allermoeilijkste was om toe te moeten geven dat hij niet met drank overweg kon. Dat heeft hij nu gedaan en het gaat goed met hem, echt. Ik heb hem trouwens in de ontwenningskliniek opgezocht. Hij wilde niet dat jullie bij hem op bezoek kwamen, maar hij is echt veranderd. Eigenlijk is hij weer de oude en je hoeft je nergens zorgen over te maken.'

'Maar hij is nog steeds papa.'

'Ja, maar dan papa zonder drankprobleem. Hij is in topvorm en je zult heel blij met hem zijn. Nee, vanavond kom ik niet langs, Helen. Maar over een week bel ik en dan wip ik misschien even bij jullie binnen.'

Helen keek opstandig. 'Ik dacht dat een pater de taak had om de gemeenschap te helpen. Dat zegt u altijd als u op school met ons komt praten.'

'Ik help door mijn neus niet in andermans zaken te steken. Geloof me, ik ben ouder dan jij.'

'Dat zeggen mensen altijd als ze niks anders meer weten,' zei Helen.

Emma fietste door de straat en zag Helen nukkig tegen een steen schoppen.

'Kom je nu pas naar huis?' vroeg ze boos omdat Helen niet eerder naar huis was gegaan om Gerry te verwelkomen.

'Ik ben onderweg bij pater Vincent langsgegaan,' zei Helen.

'Waarom?' zei Emma verontrust.

'Dat zijn mijn zaken. Je moet mensen niet vragen wat ze met hun biechtvader hebben besproken, dat is biechtgeheim.'

'Neem me niet kwalijk,' zei Emma. 'Hij komt vanavond toch niet langs, hè?'

Helen keek haar moeder verbaasd aan. 'Nee.'

'Goed, ik wil dat we vandaag onder ons zijn. Ren maar vast vooruit en ga je vader gedag zeggen, ik kom zo.'

Met tegenzin liep Helen door. Toen ze bij het tuinhek omkeek, zag ze dat haar moeder een kam en een spiegel te voorschijn haalde. Wat kon mama af en toe toch mal doen. Waar moest ze nu haar haren voor kammen? Er kwam niemand op bezoek. Je zou denken dat ze haar haren had gekamd toen ze op kantoor was, waar ze mensen kon ontmoeten die naar haar keken.

Gerry omhelsde Helen zo stevig dat ze bijna geen lucht kreeg.
'Je bent een flink stuk gegroeid, zeg. Een echte tiener,' zei hij.
'Nou papa, het is niet zo lang geleden dat je me hebt gezien. Het zijn maar een paar weken. Je praat als een oude zeeman die na maanden thuiskomt.'
'Zo voel ik me wel, zo voel ik me precies – wat slim van je dat je dat merkt,' zei hij.
Helen en Paul wisselden een tamelijk verontruste blik. Toen hoorden ze de fiets van hun moeder tegen de garagemuur en allemaal keken ze naar de achterdeur. Ze kwam door de bijkeuken binnen en liep de keuken in. Ze had een rood gezicht van het fietsen en ze droeg een enorme boodschappentas die ze uit de fietsmand had getild. In haar spijkerbroek en overhemd zag ze er heel jong uit, vond Gerry.
Ze omhelsden elkaar in de keuken en wiegden heen en weer alsof de kinderen er niet bij waren, alsof Gerry geen tweede mok bouillon in zijn hand had en alsof Emma geen boodschappentas moest ophouden.
'De hemel zij dank, de hemel zij dank,' bleef Gerry maar zeggen.
'Je bent terug, je bent terug,' zei Emma telkens weer.
Hun kinderen keken ernstig toe vanuit de deur naar de gang. Hun gezichten leken te zeggen dat dit bijna even erg was als wat ze vroeger hadden meegemaakt.

Onder het eten ging de telefoon. Emma zei met een mond vol garnalen dat ze zou opnemen. 'Het is waarschijnlijk je moeder, want ze zei dat ze zou bellen.'
'Dat heeft ze al gedaan,' zei Gerry.

Het was Jack. Hij had tot laat in de winkel moeten blijven, omdat meneer Power op het laatste moment had besloten dat al het meubilair in de showrooms moest worden verschoven, zodat de schoonmaaksters overal bij konden. Emma bleef tweeënhalve minuut luisteren naar een tirade tegen meneer Power; ze bromde en gromde sussend. Daarna veranderde de stem van Jack van klank en kreeg iets samenzweerderigs.

'Is hij thuis?' fluisterde hij.

'Ja, de hemel zij dank. Hij is vanmiddag thuisgekomen. Zo fit als een hoentje. We moeten ons daar ook maar eens in de watten laten leggen, lijkt me.' Ze lachte luchthartig in de hoop dat Jack haar stemming oppikte.

'En is er... is er enig teken van...?'

'O ja, erg vrolijk en je moet de groeten hebben – we zitten nu net aan een welkomstmaal voor hem.' Zou Jack deze erg duidelijke hint doorhebben? Bestond er ook maar de geringste kans dat hij zou beseffen dat hij tijdens het eten had gebeld?

'Luistert hij mee in de kamer?'

'Ja, inderdaad.'

'Nou, ik kan nu kennelijk niet praten. Ik bel later wel, dan slaapt hij misschien.'

'Waarom bel je morgen niet, Jack, bijvoorbeeld laat in de ochtend. Zaterdag is een prima dag, want dan zijn we allemaal thuis en dan kun je ook even met Gerry praten. Goed?'

'Ik weet niet zeker of ik aan het eind van de ochtend kan bellen.'

'Nou, morgen in de loop van de dag dan...' Ze keek naar Gerry en allebei sloegen ze liefdevol hun ogen op naar het plafond. 'Als jij telefoon had, dan konden we jou bellen. Ik vind het erg naar dat je altijd muntjes moet zoeken om te bellen.'

'Het heeft geen zin om telefoon te nemen, en volgens mij verzinnen ze zomaar een bedrag voor het aantal gesprekken dat je hebt gevoerd. Nee, ik kan beter vanuit een telefooncel bellen. Die is toch in de buurt. Alleen hangen er op zaterdag vaak een heleboel kinderen rond.'

'Nou, kijk maar, Jack.'

'Je bent geweldig voor hem, geweldig. Niet veel vrouwen zouden het aankunnen.'

'Ja,' lachte ze. Hij was zo eenzaam dat ze hem niet graag wilde afschepen.

'En hoe gaat het met jou?' vroeg ze.

Jack vertelde het haar uitvoerig: hij had last van zijn nek als gevolg van de tocht omdat er van meneer Power een deur moest openblijven. Verder kochten mensen niet meer zoveel meubels als vroeger en die rage om naar veilingen te gaan en dingen te demonteren maakte de handel kapot. Ze gebaarde Paul die het dichtst in de buurt zat om haar bord aan te geven. Ze was boos op Jack omdat hij zo'n slecht moment had uitgekozen om te bellen en omdat hij zo harteloos was, maar als ze ophing, zou ze zich schuldig voelen en ze wilde zich uitgerekend vanavond kunnen ontspannen zonder een ander probleem aan haar hoofd te hebben.

Ze keek naar de tafel terwijl ze Jack liet doorkletsen. Ze schenen allemaal goed met elkaar overweg te kunnen. Gerry zag er fantastisch uit en hij was afgevallen. Allebei leken ze meer dan ooit op de mensen die ze op de trouwfoto waren geweest. Zijn kaak was smaller, zijn ogen stonden helder en hij had een engelengeduld met de kinderen, wat veel moeilijker was dan leek. Met name Helen was zo stekelig als een egel en Paul was rusteloos. Jack scheen ongeveer klaar te zijn met zijn verhaal. Hij zou morgen bellen en met Gerry praten. Hij hoopte dat Gerry alles wat zij voor hem deed waardeerde, zoals de kost verdienen en het gezin bij elkaar houden. Was hij lang geleden maar zo verstandig geweest en had hij maar niet zoveel op het spel gezet. 'Maar het is nu allemaal in orde,' zei Emma moe. Jack stemde daar aarzelend mee in en hing op.

'Was hij mijn goddeloze leven aan het betreuren?' vroeg Gerry.

'Een beetje,' lachte Emma. Gerry lachte en even later lachten de kinderen ook. Zo'n nagenoeg normaal leven hadden ze bijna vier jaar niet gekend.

Gerry bracht de zaterdag door in zijn werkkamer. Hun huis telde vier slaapkamers en toen ze het hadden gekocht, hadden ze meteen besloten dat de grootste slaapkamer zijn werkkamer zou worden. Andere mannen huurden kantoren en dus was het logisch dat de grootste slaapkamer met de juiste lichtinval de werkkamer van Gerry werd. De kleine badkamer die aan de slaapkamer grensde werd omgetoverd tot doka. Het was ooit fantastisch georganiseerd: een enorme ouderwetse ladenkast, een prachtig stuk meubilair waarin alle bijgewerkte dossiers opgeslagen lagen. Even efficiënt als elke metalen archiefkast, alleen honderden keren mooier om te zien. Het licht was goed en aan de muren hingen foto's; sommige van een enkel object zoals zijn beroemde foto van een diamant. Andere vertelden een succesverhaal: Gerry die een prijs in ontvangst nam, Gerry die de lachers op zijn hand had. Verder was er het reusachtige, uitpuilende bureau dat de laatste tijd vol lag met rekeningen en formulieren en afwijzingen en rommel, en dat van zijn archiefkast een lachertje maakte.

Bij de aanblik had hij gezucht, maar Emma had hem terzijde gestaan.

'Zeg me wat je nog meer wilt behalve een paar plastic vuilniszakken om de rommel op te ruimen,' had ze gezegd.

'En een fles Paddy om de pijnlijke aanblik te verzachten,' had hij gezegd.

'Arme stakker, zo erg is het toch niet?'

'Nee,' had hij gezegd, 'ik stel me maar wat aan. Ik heb een stuk of tien zakken nodig.'

'Gooi niet alles weg,' had ze bezorgd opgemerkt.

'Ik gooi een heleboel weg, lieverd. Ik moet helemaal opnieuw beginnen, dat weet je.'

'Dat is je al een keer gelukt, dus nu zal het je ook lukken.' Met die woorden was ze naar beneden gegaan.

Gerry maakte een verdeling in vier grote categorieën: Echte troep, Later door te nemen troep, Voor de archiefkast en Contacten voor het nieuwe leven.

Praktisch alles scheen in een van deze categorieën ondergebracht te kunnen worden; hij vond het eigenlijk wel leuk en neuriede zelfs tijdens het langdurige sorteren.

Emma hoorde hem, terwijl ze de bedden opmaakte. Ze stopte even om te luisteren en herinneringen kwamen bij haar op. Ze herinnerde zich hoe het vroeger was geweest, een opgewekte, zelfverzekerde Gerry die floot en neuriede in zijn werkkamer en vervolgens met lichte tred de trap afkwam en in zijn auto stapte, op weg naar een nieuwe opdracht. In die tijd lag er een dik schrijfblok naast de telefoon waarop ze het tijdstip noteerde dat iemand belde met zijn naam en de naam van het bedrijf. Ze was altijd zo efficiënt en behulpzaam opgetreden, dat klanten vaak hadden gevraagd of ze de partner van meneer Moore was, waarop ze dan lachend zei dat ze een heel permanente partner was. Dat hadden ze amusant gevonden. Maanden, jaren lang had de telefoon voor Gerry nauwelijks gerinkeld, afgezien dan van een telefoontje van Des Kelly of van zijn klagerige broer Jack of van zijn moeder met een waslijst klachten over het een of ander. Durfde ze te geloven dat alles weer normaal zou worden? Tartte ze het noodlot als ze geloofde dat hij echt van de drank zou afblijven en zijn zaak zou opbouwen? Ze wist het niet. Ze kon het zelfs aan niemand vragen. Ze kon niet naar de Anonieme Alcoholisten gaan en het met andere vrouwen en gezinnen bespreken, omdat het op de een of andere manier niet eerlijk was. Het zou anders zijn als Gerry lid was geweest van de AA, dan had ze zich erbij aan kunnen sluiten, maar nu niet. Gerry wilde niet elke week naar een lokaal gaan waar hij naar een stel zeurpieten moest luisteren die gingen staan en zeiden: 'Ik ben Tadgh, ik ben alcoholist.' Nee, deze kuur was de moderne methode om ermee om te gaan en hij had die gevolgd en was genezen.

Ze zuchtte. Waarom maakte ze hem verwijten? Hij had het op zijn manier gedaan en hij was erdoor gekomen. In de zes weken die hij in die ontwenningskliniek had doorgebracht was hij sterker en vastbeslotener geworden. De twee dagen dat hij nu thuis was, waren zonder problemen verlopen. Ze moest een eind maken aan haar bezorgdheid, haar argwaan en haar angst, bijvoorbeeld voor dat eerste telefoontje van Des Kelly, die eerste ruzie, die eerste teleurstelling. Zou hij de kracht hebben om hierna opgewekt door te gaan?

Gerry had drie zakken met Echte troep in de garage gezet en netjes dichtgebonden. Hij stond erop dat Emma boven kwam bewonderen wat hij had gedaan. De kamer leek haar nog een janboel, maar hij scheen er wat orde in te zien en dus deed ze enthousiast. Hij had ook drie cheques gevonden, weliswaar verlopen, maar daar kon wat aan gedaan worden. In totaal voor meer dan tweehonderd pond. Hij was erg mee ingenomen met zichzelf door deze vondst en meende dat ze buitenshuis moesten gaan eten.

'Weet je zeker dat ze niet al verzilverd zijn? Deze is drie jaar oud.' Emma wilde dat ze dit niet had gezegd, want het klonk rancuneus. Snel vervolgde ze: 'Maar wat dan nog? Je hebt helemaal gelijk, waar zullen we eens heen gaan?'

Hij stelde een restaurant voor dat tegelijk café was. Ze bleef glimlachen. Er zouden nog veel van dit soort dingen gebeuren, dus kon ze er beter aan leren wennen. Omdat Gerry Moore de drank toevallig uit zijn leven moest bannen, leek het een ijdele hoop dat de rest van Ierland zou besluiten de verkoop van alcoholische dranken te staken, geen borrel meer te schenken en er geen reclame meer voor te maken.

'Lijkt me hartstikke leuk,' zei ze enthousiast. 'Ik zal speciaal daarvoor mijn haar wassen.'

Des Kelly belde even later.

'Hoe gaat het, oude rakker?' vroeg hij.

'Klaar voor de Olympische Spelen,' zei Gerry trots.

'Betekent dat een paar glazen jus d'orange, of is dat meer dan een man van vlees en bloed kan verdragen?'

'O, mijn vlees en bloed kunnen alles verdragen, maar vanavond niet – ik neem Emma mee uit voor een lekker dineetje om haar te bedanken.'

'Te bedanken?'

'Voor het feit dat ze ons gezin draaiende heeft gehouden toen ik daarginds zat.'

'O ja, natuurlijk, natuurlijk...'
'Maar morgen, Des, zoals gewoonlijk. Half een?'
'Prachtig. Weet je zeker dat je niet...'
'Heel zeker. Vertel eens, wat heb jij zoal gedaan?'

Des vertelde hem van een script waaraan hij keihard had gewerkt maar dat was afgewezen door een omhooggevallen pummel die nergens benul van had, en van een script dat het goed had gedaan en enkele goede kritieken in de krant had gekregen.

'Ja, dat weet ik nog, dat was voor mijn opname,' zei Gerry.
'O ja? Misschien wel. Ik ben mijn besef van tijd een beetje kwijt. Nou, wat nog meer? Hetzelfde als altijd. Ik heb je gemist, oude makker, echt. Er valt niet veel te lachen tegenwoordig. Ik heb geprobeerd Madigan's te verruilen voor McCloskey's en ik ben een poosje naar Baggot Street gegaan, Waterloo House, Searson's, Mooney's, maar er was niemand om mee te praten. Ik ben blij dat je terug bent.'

'Ik ook.'
'Deden ze daar erg moeilijk?'
'Helemaal niet, ze waren prima. Ik mocht het zelf weten. Als ik ergens niet aan mee wilde werken, dan hoefde het niet.'
'Dat klinkt prima.'
'En wees maar niet bang dat ik jou ga volstoppen met folders en je ga vertellen dat je het een beetje kalmer aan moet doen.' Gerry lachte toen hij dat zei.

Des lachte ook – enigszins opgelucht. 'Gelukkig maar. Dan zie ik je morgen, ouwe rakker, en geniet van je tweede huwelijksnacht.'

Gerry zou willen dat hij voor tweeduizend pond aan cheques had gevonden in plaats van tweehonderd, dan zou hij Emma hebben meegenomen op een tweede huwelijksreis. Misschien zou het gaan als hij zich weer opwerkte. Hij zou erover nadenken. Het zou heerlijk zijn om er voor een week of twee tussenuit te kunnen naar een gehuurde villa, bijvoorbeeld op Lanzarote. Iemand in de ontwenningskliniek had daar een huis had gekocht met een hele groep andere Ieren. Het had veel weg van een enclave. Ze hadden veel lol en sleepten liters belastingvrije drank aan – nee, dat hoefde niet meer – maar afgezien daarvan lagen er fantastische stranden en was het weer er prachtig, zelfs in de winter. Hij ging verder met zijn sorteerwerk. De categorie Contacten bezorgde hem de meeste kopzorgen. Heel veel agenten schenen van naam te zijn veranderd of ze waren gefuseerd met anderen of compleet verdwenen. Er waren heel veel nieuwe namen. En hij had nogal wat vergooid bij enkele van de bekende agenten – werk beloofd en niet geleverd of werk geleverd dat niet acceptabel was. Jezus, misschien zou het gemakkelijker zijn helemaal opnieuw te beginnen in een ander land. Australië? Deze stad was net een dorp; wat iemand tijdens de lunch vertelde, wist iedereen tegen theetijd. Maar ja, niemand had gezegd dat het gemakkelijk zou worden.

Gerry was chagrijnig tegen de tijd dat hij zich moest omkleden voor het uitje. De kinderen waren niet thuis: Paul was zoals gewoonlijk bij Andy, en Helen was naar tennisles. Ze had die ochtend onder het ontbijt gevraagd of het huishoudbudget tennislessen toeliet. Ze zou het niet erg vinden als het niet ging en ze wilde ook niemand tot last zijn, maar als het geld er was, zou ze graag bij de tennisclub gaan. Gerry had erop gestaan dat ze lid werd en zei dat hij een nieuw racket voor haar zou kopen als ze talent had. Ze was dolgelukkig vertrokken en zou blijven eten bij een van haar vriendinnen, die in de buurt van de tennisbanen woonde.

Emma was in de weer met haar net gewassen haar. Ze zat in een slipje aan de toilettafel en zag Gerry binnenkomen. Aanvankelijk had ze gedacht dat hij misschien met haar naar bed wilde. Ze hadden de afgelopen nacht niet gevreeën, maar in bed elkaars handen vasthouden tot hij in slaap was gevallen. Dit leek een geschikt moment. Maar nee, dat was wel het laatste waaraan hij dacht en daarom was ze blij dat hij niet was ingegaan op haar enigszins flirterige opmerkingen. Het leek niet zo erg op een afwijzing als hij niet eens had gehoord wat ze zei. Zijn wenkbrauwen waren gefronst.

'Het is leuk om weer eens uit te gaan, ik kijk er echt naar uit.'

'Dat hoef je me niet onder mijn neus te wrijven. Ik weet dat je een hele tijd niet uit bent geweest,' zei hij.

Ze slikte haar felle weerwoord in. 'Wat neem jij, denk je?' zei ze wanhopig zoekend naar een onderwerp dat niet omstreden was.

'Hoe moet ik dat verdomme weten als ik de menukaart nog niet heb gezien? Ik heb geen radarogen. De Heilige Geest fluistert mij niet in wat er wordt geserveerd.'

Ze lachte. Maar ze moest de neiging onderdrukken om de borstel en alle spullen op de toilettafel naar zijn hoofd te slingeren. Ze moest de neiging onderdrukken om hem te vertellen wat hij met zijn uitnodiging voor een etentje kon doen; een uitnodiging waarvoor zij trouwens het geld op tafel zou moeten leggen tot die verlopen cheques waren verzilverd... als dat nog ging. Ze moest de neiging onderdrukken om hem te zeggen dat hun huis rustiger en leuker was geweest toen hij nog in de kliniek zat. Maar ze slaagde erin te zeggen: 'Dat weet ik. Eigenlijk ben ik een gulzigaard. Let maar niet op mij.'

Hij schoor zich aan de wastafel op hun slaapkamer. Hij ving haar blik op en lachte. 'Je bent te goed voor me.'

'Nee hoor, jij verdient mij,' zei ze luchtig.

In de auto pakte hij haar hand. 'Het spijt me,' zei hij.

'Niet meer aan denken,' zei ze.

'De avond leek moeilijk te worden zonder een druppel wijn bij het eten en zo.'

'Dat weet ik,' zei ze vriendelijk.

'Maar jij moet wijn drinken, anders heeft alles geen zin.'

'Je weet dat het mij niets uitmaakt. Je weet dat ik net zo lief bronwater drink.'

'Mijn genezing bestaat er voor een deel uit dat ik me niets van anderen moet aantrekken. Ik was thuis gewoon een beetje neerslachtig. Ik weet niet waarom, maar nu voel ik me weer goed.'

'Natuurlijk, en ik zal zeker een paar glazen drinken als je dat niet vervelend vindt.' Ze stak de sleutel in het contact en reed weg.

Technisch gesproken mocht hij weer rijden, maar hij had zijn rijbewijs niet opnieuw aangevraagd of wat je daarvoor ook moest doen. En de afgelopen paar maanden zou hij niet in staat zijn geweest om te rijden. Ze had hem de sleutels aangeboden toen ze bij de auto kwamen, maar hij had zijn hoofd geschud.

Toen ze in het eetcafé hun menukaarten bekeken, troffen ze een stel dat ze een tijdlang niet hadden gezien. Emma zag dat de vrouw haar man aanstootte en naar hen wees. Na iets wat leek op een voorzichtige, kritische blik kwam hij naar hen toe.

'Gerry Moore, je hebt er in jaren niet zo respectabel uitgezien. En Emma...' Ze begroetten hem met grapjes en gelach; allebei klopten ze op hun plattere buiken, terwijl de man zei dat ze naar een gezondheidsboerderij moesten zijn geweest, omdat ze er zo goed uitzagen. Emma zei dat het kwam van het fietsen en Gerry zei dat het bij hem helaas te maken had met het feit dat hij de drank vaarwel had gezegd. Het leek op de eerste horde van een hindernisbaan. Emma maakte uit het gefluister van het stel op dat er nog veel zouden volgen. Het nieuws zou zich verspreiden, mensen zouden komen kijken om te zien of het waar was. Gerry Moore, de oude zuipschuit, weer helemaal de oude, zoiets heb je nog nooit gezien, drinkt nu geen druppel meer, heeft vorig jaar een fortuin gemaakt, is weer een topfotograaf, je moet hem en zijn vrouw zien. Alstublieft. Alstublieft, God. Laat het alstublieft zo gaan.

Pater Vincent kwam zaterdagavond langs en belde een hele tijd aan. De auto was weg, de fiets van Emma stond er wel maar er werd niet opengedaan. Hij nam aan dat ze met het hele gezin ergens op bezoek waren. Maar dat kind had er zo bleek uitgezien en was zo bezorgd geweest, dat hij hoopte dat Gerry niet meteen was gestruikeld en weer terug was naar de ontwenningskliniek. Een hele tijd overwoog hij of hij een briefje zou achterlaten. Ten slotte besloot hij om het maar niet te doen. Stel dat Gerry was bezweken en weer naar de kliniek was gebracht, dan zou een woord van welkom niet erg goed vallen. Pater Vincent hoopte zoals zo vaak dat hij het mis had.

Paul kwam thuis van Andy en zette de televisie aan. Helen kwam kort daarna thuis; ze zaten met boterhammen met pindakaas en glazen melk tevreden naar de televisie te kijken. Ze hoorden stemmen en een sleutel die in het slot werd omgedraaid.

'O jee,' zei Paul, 'ik was vergeten dat hij terug was. Pak je glas,

Helen, geef me die borden. We worden geacht hier alles netjes te houden!' Helen lachte om de imitatie van haar vader, maar ze keek angstig naar de gang om er zeker van te zijn dat papa niet dronken was.

Het kostte een vermogen nu Gerry thuis was. Emma besefte dat, maar begreep niet goed waarom. Ze wist dat hij geen geld uitgaf aan drank en afgezien van die ene zaterdagavond dat ze uit waren geweest, hadden ze geen mensen uitgenodigd. Gerry kocht geen kleren of spullen voor het huishouden. Hoe kwam het dan dat ze nu tekort kwam? Een groot deel van het geld werd opgeslokt door kantoorbenodigdheden en postzegels. Gerry deed wat hij had beloofd en schreef mensen aan met ideeën – gewoon eenvoudige, opgewekte brieven waarin hij zonder het met zoveel woorden te zeggen aankondigde: ik ben terug, ik ben genezen en ik ben nog steeds een fantastische fotograaf. Verder vond hij het leuk nieuwe dingen te koken, dingen die hij niet associeerde met alcohol. Samen hadden ze heel wat geld uitgegeven aan ingrediënten voor kerrieschotels, maar daarna was hij het beu geworden en had gezegd dat het al die moeite niet waard was – dat ze beter zo nu en dan een kerriegerecht konden afhalen als ze er zin in hadden. Ze mopperde niet, maar ze was het zo gewend geweest om elk dubbeltje om te draaien en wat opzij te leggen voor elektriciteit en voor gas en voor de telefoon. Ze wist niet wat ze moest doen als de volgende rekeningen binnenkwamen. En over rekeningen gesproken, het vooruitzicht van de huizenhoge telefoonrekening gaf haar een slap gevoel in haar benen.

Gerry had op een avond bijna vijftien minuten met iemand in Limerick gesproken en hij voerde gesprekken met Manchester en Londen. Ze had niets gezegd; ze hoopte vurig dat de resultaten van al die telefoongesprekken merkbaar waren tegen de tijd dat de rekening binnenkwam.

De moeder van Gerry vond dat hij heel anders was sinds zijn ontslag uit de ontwenningskliniek. Hij had haar opgezocht en het bezoek was geen succes geweest. Ze had speciaal voor hem een fles whiskey gekocht die in de vitrinekast naast de porseleinen hondjes stond. Ach, kom nou, één glaasje kon toch geen kwaad.

'Nee, moeder. Daar gaat het nu net om. Er is iets niet goed met mijn ingewanden, die maken er vergif van. Dat heb ik je gezegd. Emma heeft het uitgelegd...'

'Hm, Emma. Hoogdravend geklets. Verslavingsallergie. Ik word er doodziek van.'

'Ja, moeder, ik ook.' Het geduld van Gerry raakte op. 'Maar het klopt toevallig wel.'

'Kom, drink een glaasje, dan houden we op met ruzie maken,' had zijn moeder gezegd.

'Het zou heel gemakkelijk voor me zijn om "Lekker, moeder!" te zeggen, het glas aan te pakken en leeg te gooien zodra je niet keek. Maar dat kan ik niet. Ik kan het verdomme niet. Heb je dan niet genoeg verstand om dat te begrijpen?'

'Je hoeft niet tegen me te schreeuwen, ik heb al genoeg te verduren,' had zijn moeder gezegd en daarna was ze gaan huilen.

'Luister moeder, geef me die fles maar. Ik vind het heel aardig van je dat je die voor mij hebt gekocht. Ik geef hem aan pater Vincent voor zijn liefdadigheidsbazaar. Hij kan hem gebruiken voor de loterij of zoiets. Dan heb je de fles niet voor niets gekocht.'

'Nee. Als ik whiskey koop, dan is het om iemand te trakteren die het fatsoen heeft om een borrel van me aan te nemen.'

Met geen enkel ander onderwerp lukte het om op dezelfde golflengte te komen. Gerry vertrok en hoopte dat niemand op aarde zo'n armzalige relatie met een ouder had als hij. Dat was de dag waarop hij thuiskwam en Paul en Emma ruziënd in de keuken aantrof. Ze hadden hem niet horen binnenkomen.

'Maar waaróm? Als je me kunt zeggen waarom, doe ik het misschien. Hij is geen invalide, hij is niet achterlijk, dus waarom wil hij dat we elke avond met het hele gezin samen eten? Als ik pas na het eten naar Andy ga, is het te laat, dan is de avond bedorven.'

'Vraag Andy dan hier te komen.'

'Ik denk er niet aan.'

Gerry kwam binnen en keek van de een naar de ander. 'Ga vanavond alsjeblieft naar je vriend, Paul. Emma, kan ik je even op mijn werkkamer spreken als je tijd hebt?' Hij liep naar boven en hoorde Helen zenuwachtig giechelen.

'Dat is precies het toontje van de eerwaarde moeder als ze van plan is iemand van school te sturen,' zei ze met nauwelijks ingehouden gelach.

'De jongen heeft gelijk. Ik ben niet gek. En dat eten met het hele gezin ben ik zat, als je het weten wilt.'

'Ik dacht, omdat ik de hele dag weg ben en jij weer met je werk bezig bent...'

'Jij dacht, jij dacht, jij dacht... wat is er nog meer in dit huis behalve wat jij denkt?'

Ze keek hem ongelovig aan.

'Ik meen het, Emma, 's ochtends, 's middags en 's avonds...'

Twee grote tranen rolden over haar wangen en nog eens twee waren onderweg als regendruppels op een raam. Ze wreef ze niet eens weg; ze probeerde het niet te ontkennen, er met hem over te praten of met hem in te stemmen. Ze keek alleen verslagen.

'Nou, zeg iets, Emma. Als je het niet met me eens bent, zeg dan iets.'

'Wat moet ik zeggen?' snikte ze. 'Ik houd zoveel van je en alles wat ik doe schijnt jou te kwetsen. Hoe kan ik het in godsnaam goed doen voor jou? Kennelijk doe ik alles verkeerd.'

Hij sloeg zijn armen om haar heen en streelde haar haren. 'Rustig maar, rustig maar,' suste hij. Ze huilde met haar gezicht tegen zijn borst.

'Je bent te goed. Ik ben een echte klootzak, een vreselijke klootzak.' Op gedempte toon ontkende ze dat.

'En ik houd ook van jou en ik heb je nodig...'

Ze keek naar hem op met een betraand gezicht. 'Is dat zo?'

'Natuurlijk,' zei hij.

Beneden zei Helen: 'Ze zijn naar de slaapkamer gegaan, is dat niet vreemd?'

Paul zei: 'Dan zal hij haar het huis wel niet uitgooien.'
Helen vroeg: 'Wat denk je dat ze doen?'
Paul lachte veelbetekenend. 'Je mag één keer raden,' zei hij.
Helen was geschokt. 'Dat kan niet. Daar zijn ze veel te oud voor.'
Paul zei: 'Waarom hebben ze anders de deur op slot gedaan?'
'Wat afschuwelijk, daar zitten we al helemaal niet op te wachten.'
Op dat moment belde pater Vincent aan. Helen voelde zich zo verlegen toen ze zijn gedaante door de deur herkende, dat ze naar Paul rende.

'Ik kan hem niet vertellen wat we denken,' zei ze. 'Zoiets kun je toch niet tegen een geestelijke zeggen.'

Paul liet hem binnen. 'Mama en papa liggen op dit moment boven wat te rusten. Als u het niet erg vindt, pater, wil ik ze niet storen.'

'Natuurlijk, natuurlijk.' Pater Vincent keek verward.

'Maar kan ik u een kop koffie of thee aanbieden?'

Pater Vincent zei dat ze voor hem geen moeite hoefden te doen.

'Een borrel?'

'Nee, hemel, nee.'

'We hebben drank in huis. Papa staat erop dat we het hebben voor gasten.'

Pater Vincent bleef ongeveer tien minuten, zonder iets te drinken en bijna zonder een woord met hen te wisselen. Toen hij weer in het portaal stond, keek hij timide langs de trap omhoog. 'Als het slechter met je vader gaat en als je moeder hulp wil, dan mag ze altijd contact met me opnemen.' Paul zei dat hij niet dacht dat moeder op dit moment enige hulp wilde en toen de deur veilig dicht was, rolden hij en Helen over de vloer van het lachen bij het idee om pater Vincent naar boven te brengen, op de slaapkamerdeur te kloppen en te roepen dat pater Vincent wilde weten of moeder enige hulp kon gebruiken of dat ze het wel zelf aankon.

Gerry en Emma lagen in hun grote bed en Gerry zei: 'Het was zo lang geleden, ik was bang, ik was bang voor het geval...' Emma zei: 'Je was even lief als altijd.' Ze telde de dagen na haar laatste menstruatie; het was oké, ze moest in haar veilige periode zijn. Alleen al het idee om nu in verwachting te raken was te veel om over na te denken. Ze was twee jaar geleden opgehouden met de pil. Er werd gezegd dat die bijverschijnselen had en het was beter om de pil niet voortdurend te gebruiken. En wat voor zin had het om de pil te slikken als er gewoon geen kans was om zwanger te raken?

Jack vond het jammer dat Gerry terug was. Daardoor kwam er een einde aan zijn wekelijkse bezoeken op maandag. Gewoonlijk ging hij op zondag bij Gerry langs en nam dan op maandagavond na het werk de bus naar hun huis om te vertellen wat hij had gezien, wat hij had gezegd, wat hij te horen had gekregen en wat hij ervan vond. De eerste paar keer hadden ze alles willen weten, omdat ze nog niet gewend waren aan een leven zonder Gerry. Daarna was het een ritueel geworden. Emma kookte meestal iets lekkers, waarna ze allemaal samen de afwas deden. Jack zat daarna in de mooie grote kamer en niet in zijn eigen benauwde zitslaapkamer. Ze keken meestal televisie, soms deed Emma onderwijl wat naaiwerk; de televisie stond zacht zodat de kinderen niet werden gestoord bij hun huiswerk. Heel de maand april en mei had Jack deel uitgemaakt van hun leven. Er was nu voor hem geen reden meer om langs te gaan.

Hij had die avonden met Emma leuk gevonden; ze was zo aardig geweest en had belang gesteld in alles wat hij op zijn werk had gedaan. Het was zo gezellig. Gerry moest krankzinnig, stapel krankjorum zijn geweest om al zijn geld en zijn goede leventje weg te gooien en het op een drinken te zetten met een stelletje zuiplappen. Als een man thuis niets had, kon je daar nog inkomen, maar een man die Emma had... Het ging zijn verstand te boven.

De zomer leek voor iedereen heel lang. Pater Vincent vroeg zich voortdurend af waarmee hij de Moores had beledigd; telkens als hij bij ze kwam, zaten die twee kinderen die aanvankelijk aardig en normaal hadden geleken buitengewoon stompzinnig te giechelen. Gerry wilde geen inspirerende verhalen horen over anderen die de drank hadden overwonnen, had hij botweg gezegd en Emma had het te druk om veel te zeggen. Ze had wat typewerk mee naar huis genomen en had hem gebeld om te informeren of er parochiewerk was dat ze tegen betaling kon doen. Hij zei dat ze altijd blij waren met vrijwilligershulp, waarna ze zich had verontschuldigd met de mededeling dat ze nu nog niet in een positie verkeerde om dat te kunnen aanbieden.

Mevrouw Moore vond dat Gerry opvliegend en onverdraagzaam was geworden. Haar kleinkinderen kwamen nooit op bezoek en Emma scheen het zelfs te druk te hebben om over de telefoon met haar te praten.

Paul werd verliefd op de zus van Andy, maar het hele gezin van Andy, dus ook zijn zus, ging voor een maand naar Griekenland. Als Paul tweehonderd pond had gehad, had hij ze daar kunnen opzoeken. Zijn vader had gezegd dat hij er verdorie voor kon werken als hij dat wilde en zijn moeder had gezegd dat hij een egoïstische, kleine rat was om te denken dat ze zoveel geld voor hem kon neertellen voor een vakantie.

Helen verveelde zich stierlijk en maakte zich erg ongerust. Ze vond dat ze plotseling erg lelijk was geworden, nadat ze er jarenlang tamelijk acceptabel had uitgezien. Nu het belangrijk werd, zag ze er walgelijk uit. In boeken hielpen moeders hun dochters in dat soort gevallen door ze make-up te lenen en kleren voor ze te kopen. In haar geval kreeg ze van haar moeder te horen dat ze moest ophouden met gezeur omdat ze daar later nog genoeg tijd voor zou krijgen.

Des vond de zomer te lang duren. Hij had niets dan bewondering voor Gerry – hij zat daar met vrienden, gaf zijn rondjes net als iedereen, maar het was niet hetzelfde. Des kon zich niet zo ontspannen als vroeger, hij kon maar niet uit zijn hoofd zetten dat hij wachtte tot Gerry zich weer bij hen aansloot. Drinken met hem was een rusteloze bezigheid. Gerry hield verdorie wel erg van uitersten; toen hij aan de boemel was, dronk hij zo stevig dat ze in een paar kroegen niet meer toegelaten werden, maar nu de schrik er bij hem in zat, deed hij het niet gewoon wat kalmer aan zoals elk normaal mens zou doen, maar leek hij net een verrekte heilsoldaat met zijn glas water, of wat hij tegenwoordig ook dronk.

Gerry vond dat de zomer traag voorbij kroop. Hij vond dat de reacties op zijn brieven nog trager binnenkwamen en dat niets trager ging dan het aanbod van werk. Hoe kon de hele fotowereld in elkaar zijn gezakt zonder dat hij er iets van had gemerkt? Er moesten mensen zijn die wel werk hadden; hij zag hun foto's in advertenties, op televisie en in tijdschriften. 'Misschien,' had Emma gezegd, 'misschien moet je ze laten zien wat je nu kunt in plaats van die oude portefeuilles, misschien moet je een collectie voor een nieuwe portefeuille samenstellen.' Maar Emma had er geen idee van hoelang het duurde om een portefeuille samen te stellen. Je trok er niet met een camera op uit om honderdvijftig opnames te maken die je van een tot honderdvijftig nummerde. Het ging om een thema, iets moest je belangstelling gewekt hebben en je moest er een opdracht voor hebben: heel veel foto's waren al gemaakt en betaald in andermans tijd. O, wat ging terugkomen in het vak langzaam, terwijl de val van de maatschappelijke ladder zo razendsnel leek te zijn gegaan. Of deed hij nu dramatisch?

Emma besefte op een dag tijdens die eindeloze zomer dat ze geen vriendin had, geen enkele vriendin. Er was niemand met wie ze over Gerry kon praten. Er was ook nooit iemand geweest. Haar moeder had hem een beetje te opschepperig voor haar gevonden en haar vader had zijn degelijkheid in twijfel getrokken. Wie haar ook ten huwelijk had gevraagd, haar moeder zou hem opschepperig hebben gevonden en haar vader zou aan zijn degelijkheid hebben getwijfeld. Met haar zus praatte ze alleen maar over die vijf kinderen van haar die het hele jaar door fabelachtige cijfers schenen te halen. Ze kon niet met haar schoonmoeder praten en zeker niet met die Des Kelly, die haar altijd bekeek alsof ze een bijzonder soort gevaarlijke slang was. Arme Jack was heel vriendelijk en erop gebrand om te helpen, maar eigenlijk was hij zo beperkt, dat ze met hem geen serieus gesprek over de toekomst van Gerry kon voeren. Ze had een onredelijke afkeer gekregen van pater Vincent die tien jaar geleden een goede vriend van hen was geweest. Hij had altijd meteen klaargestaan met zijn liberale opvattingen en daar had ze nu geen behoefte aan. Ze had duidelijke adviezen nodig. Het was nu vier maanden geleden dat Gerry uit die ontwenningskliniek was ontslagen en hij had nog geen stuiver verdiend met zijn fotografie. Daarover klagen leek voorbarig en ondankbaar omdat de man tenslotte geen druppel alcohol had aangeraakt. Het was zinloos om naar de ontwenningskliniek te gaan en de artsen te raadplegen. Ze hadden haar gevraagd mee te werken en hem niet te commanderen. Ze dacht dat ze zich daaraan hield. Maar lieve hemel, hoelang ging dat nog door? De kleine schulden begonnen al groter te worden – vreemd genoeg veel erger dan toen hij nog aan de drank was geweest en er steeds rekeningen van de slijterij binnenkwamen. Die waren angstwekkend onwerkelijk geweest. De huidige rekeningen, hoge telefoonkosten, uitgaven voor fotomateriaal, afdrukkosten, peperduur vlees, kregen een permanent karakter. En wat Emma wilde weten, was hoelang het zo door moest gaan. Hoelang moest zijn ego worden gestreeld, wanneer was zijn zelfbeeld hersteld? Met andere woorden, hoe gauw kon ze tegen hem zeggen dat er een vacature was in een fotostudio in de stad? Natuurlijk een heel minderwaardig baantje voor de grote Gerry Moore, maar ze wist dat de eigenaar een assistent nodig had. Durfde ze het Gerry nu te vertellen, het hem voor te leggen, te zeggen dat het voor een jaar of twee een goed idee was en dat hij zijn contacten na werktijd kon uitbouwen? Nee, het zou te snel zijn; waarom had ze anders een misselijk gevoel in haar maag als ze erover nadacht?

In september gingen ze naar een bruiloft. Ze kenden de mensen niet goed en eigenlijk hadden ze zich verbaasd over de uitnodiging. Toen ze aankwamen en ontdekten dat ze tot de vierhonderd genodigden behoorden, werd duidelijk dat het net niet erg fijnmazig was geweest. Het was een groots opgezette bruiloft en kosten noch moeite waren gespaard om het de gasten naar de zin te maken.

'Is het niet geweldig om twee kinderen zo'n start te geven – het zal ze hun hele leven bijblijven,' had Gerry gezegd. Iets in de manier waarop hij dat zei, deed Emma met een schok van haar bord met gerookte zalm opkijken. Ze staarde naar zijn glas. Hij dronk champagne. Ze voelde het bloed uit haar gezicht wegtrekken.

'Alleen een slokje champagne ter ere van het huwelijk,' zei hij. 'Alsjeblieft, Emma, ga me nou niet de les lezen, vertel me nou niet dat dit het begin van het einde is.'

'Gerry,' hijgde ze.

'Kom nou, het is een bruiloft. Ik ken hier niemand, ik voel me niet op mijn gemak, ik ben niet in staat met ze te praten. Drie of vier glaasjes, meer niet. Het kan geen kwaad, morgen drink ik geen druppel meer, net als anders.'

'Ik smeek je...' zei ze. Hij had zijn glas uitgestoken naar een voorbij komende kelner.

'Waar smeek je mij om?' Zijn stem klonk hard en spottend. 'Waar kun je mij in hemelsnaam om smeken? Jij hebt toch alles?'

Zijn stem klonk nu luid en mensen begonnen naar hen te kijken. Emma voelde de angst en paniek die ze vroeger als kind ook altijd op de kermis had gevoeld. Ze had een hekel aan de kermis gehad – de botsauto's, de zweefmolen en het spookhuis. Ze had vooral een hekel gehad aan de achtbaan en zo voelde het nu aan. Het ging razendsnel zonder dat ze wist wat er voor haar lag.

'Zullen we naar huis gaan?' vroeg ze op gedempte toon.

'Het begint pas,' zei hij.

'Alsjeblieft, Gerry, ik zal je alles geven.'

'Geef jij me champagne, lol en wat gelach? Nee, jij gaat me de les lezen om daarna in tranen uit te barsten en als ik heel braaf ben, krijg ik een stuk taart.'

'Nee.'

'Wat, geen stuk taart? Nou, dan moet ik wel hier blijven.'

Ze fluisterde: 'Maar je hele leven, je plannen... je plannen. Gerry, je bent zo sterk geweest. Allemachtig, vijf maanden lang geen druppel. Als je per se iets moet drinken, waarom dan hier, waarom niet met vrienden?'

'Ik heb geen vrienden,' zei hij.

'Ik ook niet,' zei ze in alle ernst. 'Dat bedacht ik me pas geleden nog.'

'Aha.' Hij kuste haar op haar wang. 'Ik zal er een paar voor ons zoeken.'

Hij was in de loop van de nacht drie keer misselijk geweest en had kokhalzend in de wastafel op hun kamer gebraakt. De volgende ochtend bracht ze hem een pot thee, een doosje aspirine, een halve grapefruit en de *Irish Times*. Slap nam hij alles aan. In de krant stond een foto van de bruiloft waar ze naartoe waren geweest. Het lachende jonge paar zag er gelukkig uit. Emma ging op bed zitten en schonk thee in.

'Hé, het is al na negenen, ga je niet aan het werk?' vroeg hij.
'Vandaag niet. Ik neem vandaag vrij.'
'Ontslaan ze je dan niet, met de recessie en zo?'
'Ik denk van niet. Niet voor één dag.'
'Dat is het probleem met het in dienst nemen van getrouwde vrouwen, hè? Ze moeten thuisblijven en voor de kinderen zorgen.'
'Gerry.'
'Je hebt ze verteld dat je geen kleine kinderen meer hebt, maar toch blijf je thuis om er voor een te zorgen.'
'Hou je mond en drink je thee op...'
Zijn schouders schokten en hij sloeg zijn handen voor zijn gezicht. 'Het spijt me. Arme Emma, het spijt me. Ik schaam me zo.'
'Hou je mond en drink je thee.'
'Wat heb ik gedaan?'
'Daar zullen we het niet over hebben, nu jij je zo rot voelt. Kom op.'
'Ik moet het weten.'
'Het was niet erger dan vroeger.'
'Wat?'
'O, het is moeilijk te beschrijven, wat aanstellerij, wat zingen. Je hebt staan vertellen over de kuur die je hebt gevolgd en hoe je nu met drank om kunt gaan, een knecht, geen meester...'
'Hemel.'
Ze zwegen allebei.
'Ga naar je werk, Emma, alsjeblieft.'
'Nee. Het is in orde, dat zeg ik toch.'
'Waarom blijf je thuis?'
'Om voor jou te zorgen,' zei ze simpelweg.

'Om mij te bewaken,' zei hij verdrietig.

'Nee, natuurlijk niet. Het is jouw beslissing, dat weet je best. Ik kan niet voor cipier spelen. Dat wil ik ook niet.'

Hij pakte haar hand. 'Het spijt me heel erg.'

'Het maakt niet uit.'

'Jawel. Je moet je indenken hoe het voor mij was. Alles was zo ellendig, zo hard en meedogenloos. Hetzelfde oude liedje. Beste Johnny, ik weet niet of jij je mijn werk nog herinnert. Beste Freddie. Beste iedereen...'

'Ssst, hou op.'

'Nee bedankt, ik neem bronwater, nee bedankt, ik drink niet, nee echt, geef mij maar een glaasje fris, overal niets, niets en nog eens niets. Kun je het me kwalijk nemen dat ik de boel een beetje wilde opvrolijken? Voor één keer? Met de champagne van iemand anders? Kun je me dat kwalijk nemen? Nou?'

'Nee. Ik wist niet dat het zo erg voor je was. Is het de hele tijd zo?'

'Voortdurend, dag in dag uit.'

Ze liep naar beneden en ging in de keuken zitten. Ze zat aan de keukentafel en besloot dat ze bij hem zou weggaan. Niet nu natuurlijk, nog niet vandaag, zelfs dit jaar nog niet. Ze zou misschien wachten tot Helen in juni veertien werd. Paul zou dan zestien, bijna zeventien zijn. Ze zouden dan goed in staat zijn zelf beslissingen te nemen. Ze maakte een kopje oploskoffie en roerde er nadenkend in. Het probleem met de meeste mensen die gingen scheiden, was dat ze het in een opwelling deden. Dat zou zij niet doen. Ze zou zich volop de tijd gunnen en de juiste beslissing nemen. Ze zou eerst op zoek gaan naar een baan, een goede baan. Het was jammer van haar baan bij de omroep, maar die was in elk opzicht te dicht in de buurt. Op zich zou ze daar promotie kunnen maken en vooruitkomen als ze alleen maar aan zichzelf hoefde te denken. Maar nee, natuurlijk niet, ze moest weg. Misschien naar Londen of naar een of ander deel van Dublin. Niet op haar eigen stoep. Dat zou te veel opwinding veroorzaken.

Ze hoorde hem boven zijn tanden poetsen. Ze wist dat hij vanochtend ergens iets ging drinken. Ze kon onmogelijk voor zijn cipier spelen. Stel dat hij zei dat hij uit wilde gaan om iets te kopen; zij kon voorstellen om het te kopen, maar dan zou hij iets verzinnen wat alleen hij kon doen.

Ze had misschien nog vijfendertig, veertig jaar voor zich. Die kon ze niet met hem doorbrengen, terwijl haar hart aanvoelde als een klomp lood. Ze kon die jaren niet half slapend, half wakend in een leunstoel doorbrengen terwijl ze zich afvroeg in wat voor toestand ze hem thuis zouden brengen. En nog angstaanjagender was het toekijken en afwachten tot hij weer zou doorslaan, zoals ze de afgelopen vijf maanden had gedaan. Natuurlijk zouden haar verwijten worden gemaakt... dat ze egoïstisch en hardvochtig was, dat ze haar plicht verzuimde. Kun je je voorstellen dat iemand zoiets kan doen? Emma dacht dat heel wat mensen het konden en ook zouden doen als ze daar de gelegenheid toe hadden of wanneer de situatie thuis even slecht was als bij haar.

Ze hoorde Gerry naar beneden komen.

'Ik heb het dienblad meegenomen,' zei hij als een kind dat geprezen wilde worden.

'O, fijn, dank je.' Ze pakte het van hem aan. Hij had de grapefruit en de thee niet aangeraakt.

'Kijk. Ik voel me prima. Waarom ga je niet werken? Echt, Emma, je zou maar een half uur te laat zijn.'

'Nou, misschien, als jij zeker weet...'

'Ja, ik voel me nu prima,' zei hij.

'Wat ga je vanochtend doen, verder met die brieven?'

'Ja, ja.' Hij was ongeduldig.

'Ja, misschien zal ik dan toch maar gaan.' Ze stond op. Zijn gezicht was een en al opluchting.

'Ga nou maar. Je zult je beter voelen. Ik ken jou en je eigenaardigheden.'

'Luister nog even voordat ik ga. Paddy kan iemand in zijn zaak gebruiken, voorlopig alleen maar een assistent, maar als je belangstelling hebt, zei hij, dan zou hij het fantastisch vinden als je bij hem kwam werken, voor een jaar of twee bijvoorbeeld, tot je weer helemaal de oude bent.' Ze keek hem hoopvol aan.

Hij keek rusteloos terug. Hij wist niet dat zijn en haar toekomst afhing van het antwoord dat hij gaf.

'Een assistent? Een sloofje voor Paddy, uitgerekend Paddy. Hij is zeker gek dat hij zoiets voorstelt. Dat heeft hij alleen maar gedaan om erover op te kunnen scheppen. Zelfs al gaf hij me een vet salaris, dan zou ik die baan nog niet willen.'

'Goed. Ik dacht ik geef het maar even aan je door.'

'O, ik heb niets op jou aan te merken maar op die idioot van een Paddy.'

'Kalm nou maar.'

'Je bent heel goed voor me, omdat je niet tegen me zegt hoe belachelijk ik me maak, hoe belachelijk ik ons beiden maak.'

'Dat maakt niet uit.'

'Ik maak het goed met je. Luister, ik moet vanochtend naar de stad voor een paar dingen. Is er iets wat ik voor je...?'

Zwijgend schudde ze haar hoofd en liep naar de garage om haar fiets te pakken. Ze fietste de oprit af, keek om en zwaaide. Het maakte niet uit dat mensen haar de schuld zouden geven. Dat deden ze toch al. Een man drinkt niet zoveel, tenzij er iets goed mis is met zijn huwelijk. In zekere zin zou haar vertrek Gerry meer waardigheid geven. De mensen zouden zeggen dat de arme drommel in de loop der jaren veel te verduren had gehad.